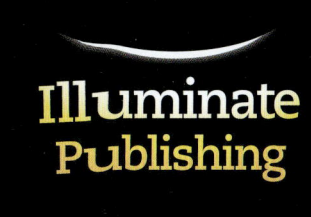

CBAC TGAU
CERDDORIAETH

Argraffiad Diwygiedig

Canllaw Adolygu

Jan Richards

CBAC TGAU Cerddoriaeth: Canllaw Adolygu – Argraffiad Diwygiedig

Addasiad Cymraeg o *WJEC /Eduqas GCSE Music: Revision Guide – Revised Edition* (a gyhoeddwyd yn 2021 gan Illuminate Publishing Limited). Cyhoeddwyd y llyfr Cymraeg hwn gan Illuminate Publishing Limited, argraffnod Hodder Education, an Hachette UK Company, Carmelite House, 50 Victoria Embankment, London EC4Y 0DZ.

Archebion: Ewch i www.illuminatepublishing.com neu anfonwch e-bost at sales@illuminatepublishing.com

Cyhoeddwyd dan nawdd Cynllun Adnoddau Addysgu a Dysgu CBAC

© Jan Richards (Yr argraffiad Saesneg)

Mae'r awdur wedi datgan ei hawliau moesol i gael ei chydnabod yn awdur y gyfrol hon.

© CBAC 2022 (Yr argraffiad Cymraeg hwn)

Cedwir pob hawl. Ni cheir ailargraffu, atgynhyrchu na defnyddio unrhyw ran o'r llyfr hwn ar unrhyw ffurf nac mewn unrhyw fodd electronig, mecanyddol neu arall, sy'n hysbys heddiw neu a ddyfeisir wedi hyn, gan gynnwys llungopïo a recordio, nac mewn unrhyw system storio ac adalw gwybodaeth, heb ganiatâd ysgrifenedig gan y cyhoeddwyr.

Data Catalogio Cyhoeddiadau y Llyfrgell Brydeinig

Mae cofnod catalog ar gyfer y llyfr hwn ar gael gan y Llyfrgell Brydeinig.

ISBN 978-1-913963-41-5

Argraffwyd gan: Cambrian, Coed-duon

03.22

Polisi'r cyhoeddwr yw defnyddio papurau sy'n gynhyrchion naturiol, adnewyddadwy ac ailgylchadwy o goed a dyfwyd mewn coedwigoedd cynaliadwy. Disgwylir i'r prosesau torri coed a gweithgynhyrchu gydymffurfio â rheoliadau amgylcheddol y wlad y mae'r cynnyrch yn tarddu ohoni.

Gwnaed pob ymdrech i gysylltu â deiliaid hawlfraint y deunydd a atgynhyrchwyd yn y llyfr hwn. Os cânt eu hysbysu, bydd y cyhoeddwyr yn falch o gywiro unrhyw wallau neu hepgoriadau ar y cyfle cyntaf.

Gosodiad y llyfr Cymraeg: kamaedesign

Dyluniad a gosodiad gwreiddiol: kamaedesign

Delwedd y clawr: © CI2 / Alamy Stock Photo

Diolch yn arbennig i Patrick Johns.

Cydnabyddiaeth – cerddoriaeth

t.49 'Light of the World'; (O'r sioe gerdd *Godspell*); Geiriau a Cherddoriaeth gan Stephen Schwartz; © 1971 RANGE ROAD MUSIC, INC., QUARTET MUSIC, INC., a NEW CADENZA MUSIC CORP. Cedwir pob hawl. CARLIN MUSIC CORP., Iron Bridge House, 3 Bridge Approach, Chalk Farm, Llundain, NW1 8BD ar gyfer Gwledydd y Gymanwlad (ac eithrio Canada/Awstralia a Seland Newydd) ac Iwerddon.

Cydnabyddiaeth – lluniau

t.1 © C12 / Alamy Stock Photo; Shutterstock images t.14 Angelika Smile; t.37 Hquality; t.75 Monkey Business Images; t.82 (chwith) Six Dun; t.82 (de) Ape Man

> Mae gwefan i gyd-fynd a'r llyfr hwn, sef www.illuminate.digital/canllawtgaucerddoriaethdiwygiedig. Ar y wefan gallwch wylio a gwrando ar nifer o'r enghreifftiau cerddorol sydd yn y llyfr. Hefyd mae cysylltau â thudalennau gwe sy'n mynd â chi at y perfformiadau cerddorol ar-lein sy'n cael eu ffafrio ac y bydd angen i chi wrando arnyn nhw i gwblhau'r Gweithgareddau a'r Cwestiynau Enghreifftiol.
>
> **Dyma'r manylion mewngofnodi y bydd eu hangen arnoch i gael mynediad at y safle:**
> **Enw defnyddiwr: CanllawcerddIlluminatediwygiedig**
> **Cyfrinair: AdolyguHarmoni**

CYNNWYS

Cyflwyniad 4

| ADRAN 1 | ARFARNU | 6 |

PENNOD 1:	ELFENNAU CERDDOROL	6
PENNOD 2:	DYFYNIADAU WEDI'U PARATOI	26
PENNOD 3:	ARDDWEUD CLYWEDOL	37
PENNOD 4:	CWESTIYNAU ENGHREIFFTIOL	46
PENNOD 5:	TERMAU CERDDOROL A THEORI	56

| ADRAN 2 | CYFANSODDI A PHERFFORMIO | 74 |

| PENNOD 6: | CYFANSODDI | 74 |
| PENNOD 7: | PERFFORMIO | 85 |

Atebion a awgrymir 95
Mynegai 103

CYFLWYNIAD

Bwriad y canllaw adolygu TGAU Cerddoriaeth hwn yw ategu'r gwerslyfr TGAU Cerddoriaeth (Argraffiad Diwygiedig), a gallwch ei ddefnyddio ochr yn ochr â'r wybodaeth a'r cymorth sy'n cael eu rhoi gan eich athro.

Mae'n cynnwys y wybodaeth angenrheidiol y mae angen i chi ei gwybod a'i dysgu wrth astudio'r cwrs TGAU Cerddoriaeth. Nid canllaw addysgu yw hwn, ond adnodd defnyddiol y gallwch chi gyfeirio ato a'i ddefnyddio, sy'n amlinellu gwybodaeth hanfodol a cherddorol, ac yn rhoi arweiniad ar sut i ateb rhai mathau o gwestiynau yn yr arholiad Arfarnu.

Sut byddaf yn cael fy asesu?

Perfformio	Cyfansoddi	Arfarnu
35%	35%	30%
• Gwaith cwrs • Isafswm o ddau ddarn • Mae'n rhaid i un ohonyn nhw fod yn ensemble • Wedi'u recordio a'u hasesu gan eich athro • Bydd marciau'n cael eu gwirio gan safonwr o'r bwrdd arholi • Bydd angen i chi ysgrifennu nodiadau rhaglen	• Gwaith cwrs • Dau gyfansoddiad • Mae'n rhaid i un ohonyn nhw fod mewn ymateb i'r briff sy'n cael ei osod gan CBAC • Wedi'u hasesu gan eich athro • Bydd marciau'n cael eu gwirio gan safonwr o'r bwrdd arholi • Bydd angen i chi ysgrifennu gwerthusiad o'r darn a gyfansoddwyd ar gyfer y briff gosod	• Arholiad ysgrifenedig • Dyfyniadau wedi'u recordio ar y pedwar maes astudio • Wyth cwestiwn – dau ar bob maes astudio • Mae dau o'r cwestiynau (1 a 7) yn seiliedig ar y dyfyniadau wedi'u paratoi a osodwyd i'w hastudio • Wedi'u marcio gan arholwr o'r bwrdd arholi

Prif ffocws y canllaw adolygu hwn yw'r gydran ar wrando ac arfarnu, gan mai dyma'r maes lle byddwch chi'n gallu elwa fwyaf o gael cymorth canllaw adolygu.

Mae'r llyfr wedi'i rannu'n ddwy adran.

Adran 1 Arfarnu

Pennod 1: Elfennau cerddorol – esbonio eu hystyr a chryfhau eich dealltwriaeth ohonyn nhw

Pennod 2: Dyfyniadau wedi'u paratoi

(Mae'r bennod uchod yn atgyfnerthu prif nodweddion y dyfyniadau wedi'u paratoi, gan ymdrin â phob un o'r elfennau cerddorol yn eu tro.)

Pennod 3: Arddweud clywedol – mae'n cynnwys ymarferion i wella eich sgiliau clywedol, eich sgiliau darllen a'ch sgiliau ysgrifennu cerddoriaeth

Pennod 4: Cwestiynau enghreifftiol – atebion a sylwadau; mae'n edrych ar y mathau gwahanol o gwestiynau ac yn cynnig awgrymiadau ar dechneg arholiad

Pennod 5: Termau cerddorol a theori – mae'n rhestru'r holl dermau y mae angen i chi fod yn gyfarwydd â nhw ar gyfer yr asesiadau

Adran 2 Cyfansoddi a pherfformio

Mae'r adran hon yn eich atgoffa o ofynion yr arholiad ac yn amlinellu dulliau a fydd yn eich cefnogi wrth i chi baratoi eich gwaith cwrs.

Pennod 6: Cyfansoddi

Pennod 7: Perfformio

Beth mae angen i mi ei wybod?

Mae angen ymdrin â phedwar maes astudio yn y cwrs hwn:

Maes astudio 1 Ffurfiau a dyfeisiau cerddorol

Maes astudio 2 Cerddoriaeth ar gyfer ensemble

Maes astudio 3 Cerddoriaeth ffilm

Maes astudio 4 Cerddoriaeth boblogaidd

Wrth astudio'r testunau hyn, bydd angen i chi ystyried yr **elfennau cerddorol**, y **cyd-destunau cerddorol** a'r **iaith gerddorol**.

Byddwch chi'n archwilio amrywiaeth eang o gerddoriaeth.

Sut i ddefnyddio'r canllaw adolygu hwn

Mae'r canllaw adolygu hwn yn cynnwys amrywiaeth o nodweddion i'ch helpu chi i ddysgu ac adolygu.

🔍 Mae'r **Termau allweddol** yn rhoi diffiniadau o'r holl dermau cerddorol hanfodol y bydd disgwyl i chi eu gwybod ar gyfer yr asesiad.

☑ Mae **Cyngor** yn cynnig awgrymiadau ar sut i gael y marciau gorau posibl.

Y GWERSLYFR Mae **Y Gwerslyfr** yn cyfeirio at dudalennau perthnasol yn y gwerslyfr sy'n ei gwneud hi'n haws i chi gyfeirio'n ôl at y gwerslyfr, er mwyn cael gwybodaeth fanylach.

⭐ Mae **Awgrym adolygu** yn rhoi cyngor a chymorth ar ffyrdd sy'n eich helpu chi i baratoi ar gyfer yr asesiad.

💡 Mae **Cofiwch** yn amlygu'r pethau pwysig y mae angen i chi eu gwybod.

Gweithgaredd 1.1 Mae'r **Gweithgareddau** sy'n cael eu hawgrymu drwy'r holl ganllaw yn cynnig cyfleoedd i chi ymarfer defnyddio eich gwybodaeth gerddorol (AA3) a defnyddio eich sgiliau arfarnu i wneud penderfyniadau gwerthusol a beirniadol ynglŷn â cherddoriaeth (AA4). Pan welwch chi'r symbol hwn 👁 mae'n golygu bod angen i chi *edrych* ar y dyfyniadau cerddorol ac ateb y cwestiynau cysylltiedig. Mae'r symbol hwn 🔊 yn golygu bod angen i chi *wrando* ar y dyfyniadau, sydd ar gael ar y wefan, ac ateb y cwestiynau cysylltiedig. Mae'r sgiliau *edrych* a *gwrando* hyn yn sgiliau pwysig iawn y mae angen i chi eu hymarfer.

Pan welwch chi'r symbol hwn 🔊 gallwch fynd i'r wefan sy'n cyd-fynd â'r llyfr hwn (www.illuminate.digital/canllawtgaucerddoriaethdiwygiedig) a chael dyfyniad cerddorol cysylltiedig neu ddolenni i'r clipiau perthnasol. Gallwch gael mynediad at wefan y llyfr drwy ddefnyddio'r manylion canlynol:

Enw defnyddiwr: CanllawcerddIlluminatediwygiedig
Cyfrinair: AdolyguHarmoni

Sut gallaf adolygu ar gyfer yr arholiad Arfarnu?

Bydd eich sgiliau a'ch dealltwriaeth gerddorol yn gwella drwy gydol y cwrs. Fodd bynnag, bydd yn rhaid i chi fynd ati i ddysgu rhai pethau, ac mae'n syniad da i beidio â gadael pethau tan y funud olaf. Gwnewch yn siŵr eich bod chi'n dysgu enwau traw yr holl nodau, gwerthoedd rhythmig y nodau, yr arwyddion cywair a'r arwyddion amser, y termau a'r arwyddion cerddorol. Mae'n rhaid i chi ddysgu'r wybodaeth fanwl y byddwch chi'n ei derbyn am y dyfyniadau wedi'u paratoi.

Techneg arholiad yw'r ffactor olaf i sicrhau llwyddiant. Gwnewch yn siŵr eich bod chi'n cwblhau digon o gwestiynau enghreifftiol arddull arholiad. Bydd eich athro yn mynd dros enghreifftiau gyda chi yn y dosbarth, ac yn rhoi cyngor ac awgrymiadau ynglŷn â'r ffordd orau o ateb. Bydd llawer o fyfyrwyr yn canolbwyntio ar ba farciau y byddan nhw'n eu cael yn y cwestiynau enghreifftiol – ond y peth mwyaf pwysig i'w gofio yw bod yn amyneddgar a chanolbwyntio wrth gywiro'r cwestiynau hynny. Os byddwch chi'n cael sgôr da, mae'n ddigon hawdd anwybyddu beth oedd yn anghywir; y gyfrinach yw gwerthfawrogi'n llawn pam mae rhywbeth wedi'i farcio'n anghywir ... a pha sylwadau neu fanylion y dylech chi fod wedi'u cynnwys i gael canlyniad gwell.

Beth gallaf ei wneud i helpu fy hun?

- Ehangwch eich gwybodaeth a'ch dealltwriaeth drwy wrando ar amrywiaeth eang o gerddoriaeth sy'n gysylltiedig â'r meysydd astudio.
- Ewch i wefannau perthnasol a fydd yn cefnogi eich dealltwriaeth ymhellach.
- Defnyddiwch eirfa benodol sy'n cyd-fynd â'r pwnc er mwyn sicrhau eich bod chi'n defnyddio'r termau cywir.
- Bydd cwblhau cwestiynau arholiad enghreifftiol yn gwella eich sgiliau wrth i chi ddod yn fwyfwy cyfarwydd â'r hyn y mae angen i chi ei wneud.
- Wrth gyfansoddi, gweithiwch yn rheolaidd ac yn gyson ar eich syniadau, cynlluniwch y cynnwys yn ofalus a byddwch yn barod i dderbyn cyngor adeiladol gan eich athro.
- Byddwch yn drefnus!
- Gosodwch heriau a thargedau i chi eich hun; gwnewch yn siŵr eich bod chi'n gwybod beth y mae disgwyl i chi ei wneud a gweithiwch yn ddiwyd er mwyn cyrraedd eich potensial.
- O ran perfformio – mae'n rhaid ymarfer, ymarfer, ymarfer! Mwynhewch yr her o berfformio o flaen eraill a gydag eraill er mwyn gwella eich hyder.

Pob lwc!

ADRAN 1
ARFARNU

PENNOD 1: ELFENNAU CERDDOROL

Beth mae angen i mi ei wybod?

Pwrpas yr adran hon yw eich atgoffa o'r wybodaeth sylfaenol am elfennau cerddorol. Cofiwch y pwyntiau canlynol:

▸ mae'n rhaid i chi gymhwyso elfennau cerddorol i bob maes astudio

▸ mae'n rhaid i'ch atebion yn y papur Arfarnu ganolbwyntio ar adnabod a deall elfennau cerddorol

▸ mae'n rhaid i berfformiad y darnau rydych chi wedi'u dewis adlewyrchu dealltwriaeth o'r elfennau cerddorol angenrheidiol (fel dynameg, tempo a rhythm)

▸ mae'n rhaid i'ch cyfansoddiadau arddangos rheolaeth dechnegol o'r elfennau cerddorol.

Dyma'r elfennau cerddorol:

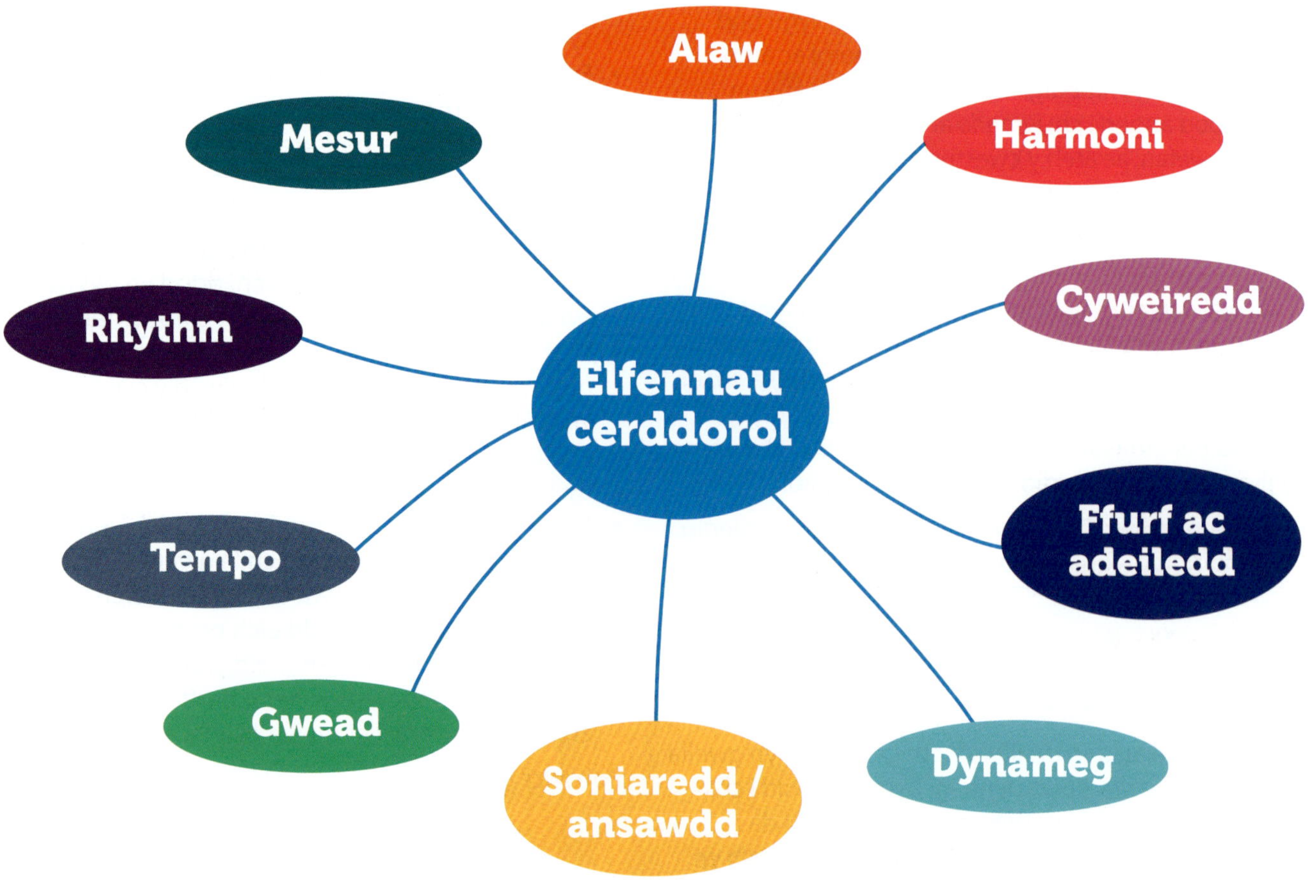

- Alaw
- Mesur
- Harmoni
- Cyweiredd
- Rhythm
- Elfennau cerddorol
- Ffurf ac adeiledd
- Tempo
- Gwead
- Dynameg
- Soniaredd / ansawdd

PENNOD 1: ELFENNAU CERDDOROL

Traw

Pan fyddwn ni'n sôn am y 'traw' mewn cerddoriaeth, rydyn ni'n ystyried a yw'r gerddoriaeth yn uchel neu'n isel – neu rywle yn y canol. Mae'n golygu lleoliadau gwahanol y seiniau gwahanol, sef y nodau cerddorol. Yn y cyswllt hwn, mae angen i chi ystyried:

- yr alaw a'i chwmpas
- pa gyfyngau a allai fod wedi'u cynnwys
- pa batrymau neu ddyfeisiau a allai fod wedi'u defnyddio
- sut mae cyferbyniad yn cael ei greu.

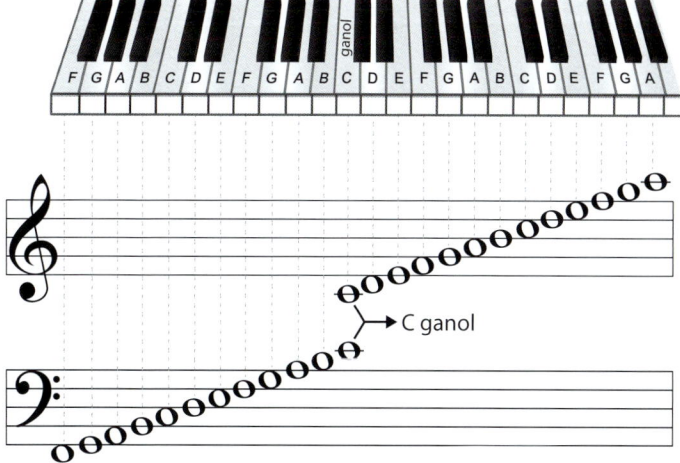

Rydyn ni'n adnabod y traw drwy'r nodau cerddorol. Maen nhw'n cael ei gosod ar yr **erwydd** ac yn cael eu hadnabod yn ôl y **cleff** a ddefnyddir.

Termau allweddol

Erwydd
Yr enw ar y pum llinell a'r pedwar bwlch sy'n cael eu defnyddio i ysgrifennu cerddoriaeth arnyn nhw.

Cleff
Y symbol ar ddechrau'r llinell gerddorol. Y cleffiau y mae angen i chi eu gwybod yw cleff **y trebl** (a ddefnyddir ar gyfer lleisiau ac offerynnau uchel eu traw) a chleff **y bas** (a ddefnyddir ar gyfer lleisiau ac offerynnau isel eu traw).

Cyngor

Bydd angen i chi wybod am gleff **yr alto** hefyd (neu gleff **y fiola** fel y mae weithiau'n cael ei alw) er mwyn cynnal dadansoddiad dyfnach o'r dyfyniadau wedi'u paratoi y mae'n rhaid i chi eu hastudio.

Yr enw ar y pellter rhwng dau nodyn cerddorol yw **cyfwng**. Mae mathau gwahanol o gyfyngau: mae rhai yn fach (gan fod y nodau'n agos at ei gilydd) ac eraill yn fawr (gan fod y nodau'n bellach oddi wrth ei gilydd). Mae'n bosibl deall y ffordd fwyaf cyffredin o drefnu'r trawiau mewn cerddoriaeth drwy ddysgu am y **graddfeydd** cerddorol, ac mae mathau gwahanol ohonyn nhw hefyd.

Rhaid i chi ddysgu enwau nodau cleff y trebl a nodau cleff y bas, a bod yn ymwybodol o'r symudiad cerddorol mewn alaw – mewn cerddoriaeth ysgrifenedig a hefyd wrth wrando ar ddyfyniadau yn yr arholiad arfarnu.

Cofiwch

Dyma rai o'r mathau gwahanol o raddfeydd:
- Graddfeydd mwyaf
- Graddfeydd lleiaf
- Graddfeydd cromatig
- Graddfeydd pentatonig
- Graddfeydd y blues

Gweithgaredd 1.1

Dyma rai ymarferion **traw** i chi gael dechrau arni.

A Mae pob un o'r 12 patrwm cerddorol canlynol yn cynnwys pum nodyn. Ym mhob patrwm, nodwch:
- Pa nodyn ysgrifenedig yw'r traw 'uchaf'?
- Pa nodyn ysgrifenedig yw'r traw 'isaf'?
- Pa nodyn ysgrifenedig yw'r traw 'canol' ym mhob patrwm?

 Ceisiwch gwblhau'r dasg hon yn gyntaf heb wrando ar y dyfyniadau.

(yn parhau ar dudalen 8)

ELFENNAU CERDDOROL

ADRAN 1 ARFARNU

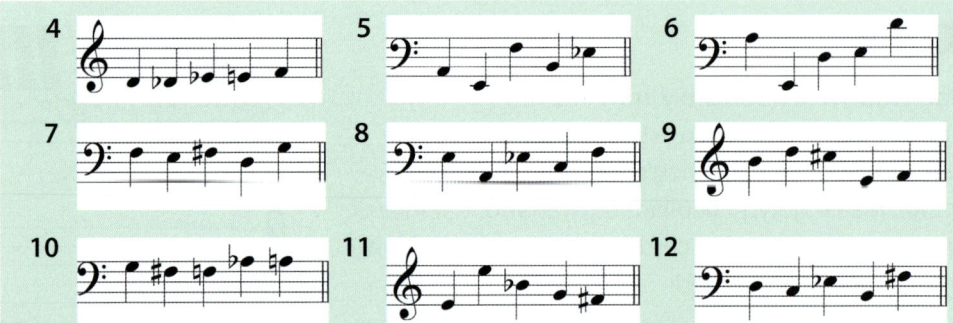

 Nawr chwaraewch bob un o'r patrymau ar allweddell (neu unrhyw offeryn o'ch dewis), neu gwrandewch ar y dyfyniadau i wirio eich atebion a chlywed sut maen nhw'n swnio.

 B Nawr gwrandewch ar ddyfyniadau 1–10. Mae pob dyfyniad yn cynnwys pedwar traw neu nodyn cerddorol.

- Pa nodyn ym mhob patrwm yw'r sain â'r traw uchaf – 1, 2, 3 neu 4?
- Pa nodyn ym mhob patrwm yw'r sain â'r traw isaf – 1, 2, 3 neu 4?

 C Bydd un o'r cwestiynau yn yr arholiad Arfarnu yn gofyn i chi ychwanegu'r traw sydd ar goll mewn alaw benodol. Dyma rai enghreifftiau i chi roi cynnig arni.

Mae'r rhythm wedi'i roi yn barod – cwblhewch yr alaw drwy ysgrifennu'r nodau cywir.

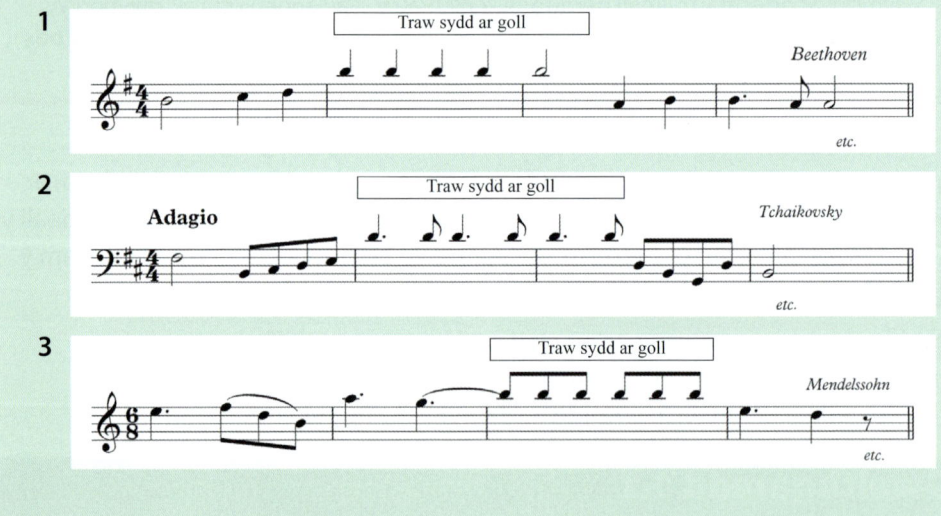

Elfennau Cerddorol

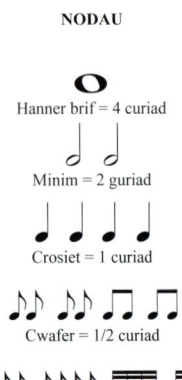

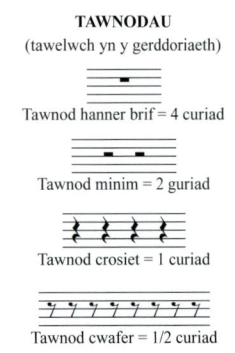

Rhythm

Pan fyddwn ni'n sôn am 'rhythm' y gerddoriaeth, rydyn ni'n meddwl am y patrymau o nodau hir a byr a ddefnyddir o fewn y curiadau cryf a gwan. Mae angen i chi wybod a deall gwerthoedd y nodau (e.e. hanner brif, minim, cwafer, etc.) a sut mae dyfeisiau rhythmig yn cael eu defnyddio (e.e. rhythmau dotiog, trawsacennu, tripledi, nodau clwm, etc.).

◀ Y goeden rhythmau

PENNOD 1: ELFENNAU CERDDOROL

Mesur

Y mesur yw'r patrwm ailadroddus o guriadau cryf a gwan sy'n creu'r pwls yn y gerddoriaeth. Defnyddir **arwydd amser** i ddangos hyn ar y sgôr. Mae dau fath gwahanol o arwydd amser – **amser syml** ac **amser cyfansawdd**. Ar gyfer TGAU Cerddoriaeth, mae angen i chi ddysgu am yr arwyddion amser sy'n cael eu dangos yn y diagram ar y dde.

AMSER SYML		
2/4	3/4	4/4
AMSER CYFANSAWDD		
	6/8	

> **Amser syml** yw pan mae'n bosibl rhannu pwls y gerddoriaeth yn ddau guriad 'mewnol'. Yn yr arwyddion amser y mae angen i chi wybod, mae'r math o guriad yn guriad crosiet.
>
> 2/4 = 2 guriad crosiet mewn bar (e.e. )
>
> 3/4 = 3 churiad crosiet mewn bar (e.e. ♩♩♩ neu ♫♫♫)
>
> 4/4 = 4 curiad crosiet mewn bar (e.e. ♩♩♩♩ neu ♫♫♫♫)

🔍 Termau allweddol

Amser syml
Cyfrif curiadau crosiet ym mhob bar.

Amser cyfansawdd
Cyfrif curiadau crosiet dot ym mhob bar.

> **Amser cyfansawdd** yw pan mae'n bosibl rhannu pwls y gerddoriaeth yn dri churiad 'mewnol'. Curiad crosiet dot yw'r math hwn o guriad.
>
> Mae'n bosibl ei fod yn teimlo mwy fel chwe churiad mewn bar, ond mewn gwirionedd, mae'n ddau guriad cryf, gyda theimlad gwaelodol o dri churiad 'mewnol'.
>
> 6/8 = 2 guriad crosiet dot mewn bar (e.e. )

Dylech chi ddysgu a deall yr arwyddion amser hyn er mwyn adnabod ble mae'r acenion cryf, ac adnabod a yw'r curiad yn teimlo'n rheolaidd neu'n afreolaidd.

Y **tempo** yw cyflymder y curiad. Gwnewch yn siŵr eich bod chi'n gwybod am y mathau gwahanol o gyflymder a'r termau Eidalaidd (e.e. allegro, largo, rallentando, etc.).

Mae mwy o wybodaeth am y termau hyn ym Mhennod 5.

💡 Cofiwch

Gair arall am y 'curiad' yw y 'pwls'.

Gweithgaredd 1.2

Dyma rai ymarferion **rhythm** i chi gael dechrau arni.

A Mae'r patrymau rhythmig canlynol yn cynnwys amrywiaeth o werthoedd nodau gwahanol. Ym mhob patrwm, nodwch:
- Pa nodyn ysgrifenedig fyddai'r un byrraf wrth ei berfformio?
- Pa nodyn ysgrifenedig fyddai'r un hiraf wrth ei berfformio?

(yn parhau ar dudalen 10)

ADRAN 1 ARFARNU

B Allwch chi ddweud y gwahaniaeth rhwng amser syml ac amser cyfansawdd?

Gwrandewch ar ran agoriadol y pum dyfyniad canlynol a thanlinellwch yr ateb cywir.

Dyfyniad 1 • Dvořák: 'Scherzo' o *Serenâd i Linynnau*, Op. 22	Amser syml / Amser cyfansawdd
Dyfyniad 2 • Beethoven: *Sonata i'r Piano*, Op. 31 Rhif 3, Menuetto	Amser syml / Amser cyfansawdd
Dyfyniad 3 • Handel: 'O, Lovely Peace' o *Judas Maccabeus*	Amser syml / Amser cyfansawdd
Dyfyniad 4 • Schubert: *Symffoni Rhif 9 yn C fwyaf*, symudiad 1	Amser syml / Amser cyfansawdd
Dyfyniad 5 • Grieg: 'Bore' o *Peer Gynt*	Amser syml / Amser cyfansawdd

C Nawr gwrandewch ar ddyfyniadau 1–4 a thapiwch neu chwaraewch y rhythm wrth i chi wrando ar y gerddoriaeth. Mae ganddyn nhw arwyddion amser gwahanol ac maen nhw'n cynnwys rhai tawnodau.

Dyfyniad 1

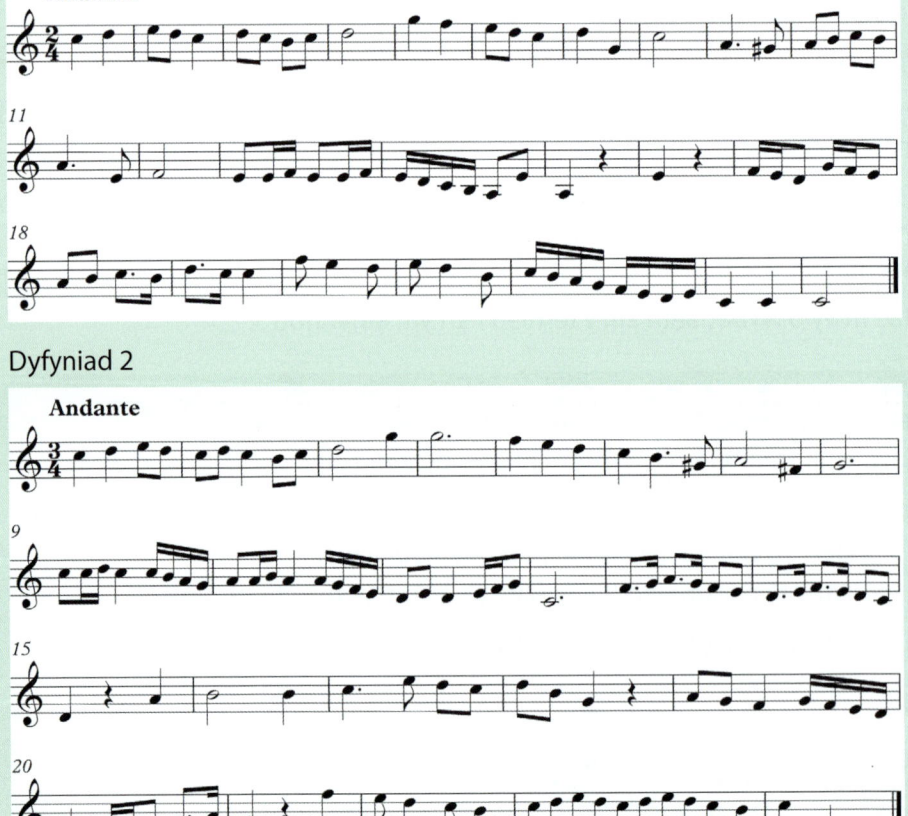

Dyfyniad 2

(yn parhau ar dudalen 11)

PENNOD 1: ELFENNAU CERDDOROL

Dyfyniad 3

Dyfyniad 4

CH Efallai y bydd un o'r cwestiynau yn yr arholiad Arfarnu yn gofyn i chi adnabod y patrwm rhythmig cywir sy'n cael ei chwarae yn y dyfyniad. Beth am roi cynnig arni.

1 Gwrandewch ar y frawddeg gerddorol ganlynol.

Dvořák: *Symffoni Rhif 9 yn E leiaf*

Nodwch beth yw'r rhythm yn y bar hwn

(yn parhau ar dudalen 12)

ADRAN 1 ARFARNU

Nodwch y rhythm sydd i'w glywed ym mar 7. Ticiwch eich ateb, gan ddewis o'r tri opsiwn isod.

☐   ☐   ☐

2 Gwrandewch ar y frawddeg gerddorol ganlynol.

Mozart: *Don Giovanni*

Andante

Nodwch beth yw'r rhythm yn y bar hwn

Nodwch y rhythm sydd i'w glywed ym mar 7. Ticiwch eich ateb, gan ddewis o'r tri opsiwn isod.

☐   ☐   ☐

3 Gwrandewch ar y frawddeg gerddorol ganlynol.

Nodwch beth yw'r rhythm yn y bar hwn

Nodwch y rhythm sydd i'w glywed ym mar 6. Ticiwch eich ateb, gan ddewis o'r tri opsiwn isod.

☐   ☐   ☐

Alaw

Cyfres o drawiau sy'n cael eu clywed un ar ôl y llall yw alaw; llinell o nodau cerddorol sy'n braf gwrando arni. Mae'n bosibl hefyd cyfeirio at yr alaw fel 'tiwn' neu 'thema' weithiau.

▸ Mae 'Amrywiadau ar Thema o Paganini', gan Brahms, yn enghraifft o alaw adnabyddus.

PENNOD 1: ELFENNAU CERDDOROL

Cyfuniad o draw a rhythm yw alaw. Gall gynnwys **dyfeisiau cerddorol** fel ailadrodd, dilyniant, efelychiant, cyferbyniad, galw ac ateb, syniadau ffanffer, ac **addurniadau**. Gall ddefnyddio symudiad fesul cam (h.y. symudiad graddfaol neu gysylltiol), symudiad sy'n neidio (h.y. defnyddio cyfyngau neu symudiad digyswllt) – neu gyfuniad o'r ddau.

Mae diffiniadau o'r **dyfeisiau cerddorol** gwahanol i'w gweld ym Mhennod 5.

> **Term allweddol**
>
> **Addurniad (embellishment)**
> Manylyn neu nodwedd gerddorol addurnol sy'n gwneud y gerddoriaeth yn fwy diddorol.

Gweithgaredd 1.3

Dyma rai ymarferion **alaw**.

 A Allwch chi ddweud y gwahaniaeth rhwng symudiad cysylltiol a symudiad digyswllt?

Drwy edrych ar y dyfyniadau canlynol, penderfynwch ai symudiad cysylltiol neu symudiad digyswllt yw'r alaw yn bennaf, yn eich barn chi. Tanlinellwch eich ateb.

Cwestiynau estynedig:
- Allwch chi daro rhythmau'r brawddegau hyn?
- Allwch chi eu chwarae ar offeryn o'ch dewis?
- Gwrandewch ar y dyfyniadau ar y wefan – ai cyweiriau mwyaf neu gyweiriau lleiaf ydyn nhw, yn eich barn chi?

 B Nawr gwrandewch ac edrychwch ar y dyfyniadau canlynol ar y wefan. Nodwch y ddyfais felodig neu'r dyfeisiau melodig a ddefnyddir ym mhob un.

Dyfyniad 1

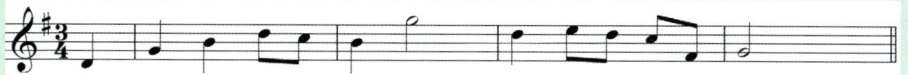

Dyfyniad 2

(yn parhau ar dudalen 14)

ADRAN 1 ARFARNU

Dyfyniad 3

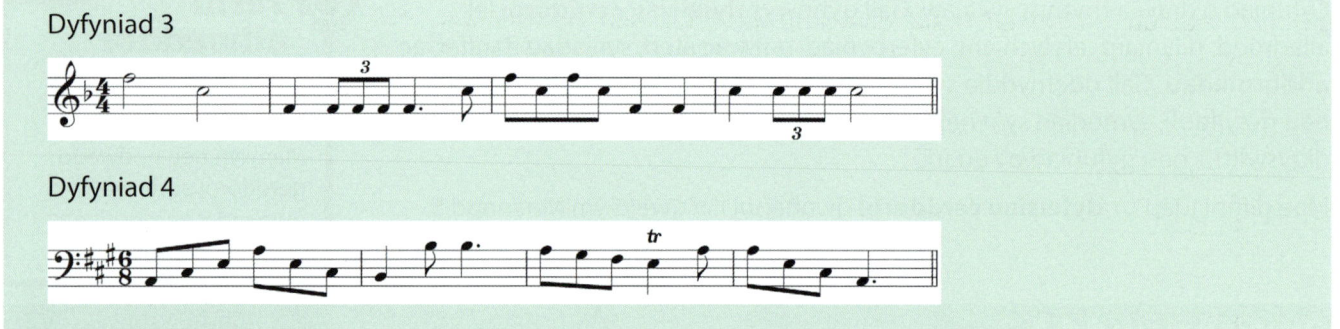

Dyfyniad 4

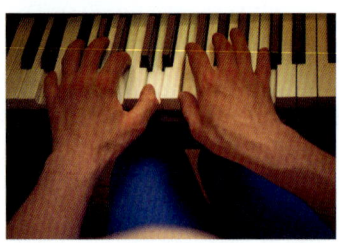

Harmoni

Cyfuniad o nodau sy'n cael eu chwarae ar yr un pryd yw harmoni. Mae'r harmoni yn y gerddoriaeth yn cynnal yr alaw, yn atgyfnerthu'r symudiad rhythmig a hefyd yn darparu diddordeb ynddi'i hun. Gall cerddoriaeth ddefnyddio harmoni diatonig, cromatig neu anghyseiniol.

- **Harmoni diatonig** yw pan fydd y gerddoriaeth yn defnyddio cordiau sy'n seiliedig ar gyweiriau mwyaf neu leiaf.
- **Harmoni cromatig** yw pan fydd hapnodau ychwanegol (e.e. llonnodau neu feddalnodau) yn cael eu hychwanegu at y cordiau – nodau sydd ddim yng nghywair y darn – gan wneud iddo swnio'n fwy cyfoethog a chymhleth.
- Mae **harmoni anghyseiniol** yn defnyddio nodau sydd ddim yn perthyn i unrhyw gywair penodol – o ganlyniad, gall swnio braidd yn gras gyda nodau sy'n gwrthdaro.

Mae angen i chi wybod am gordiau sylfaen ac is-gordiau, diweddebau a dyfeisiau fel dronau, nodau pedal a chordiau pŵer (i'w gweld mewn cerddoriaeth roc a phop). Mae'n rhaid i chi wneud yn siŵr hefyd eich bod chi'n deall yr holl harmonïau, y cordiau a'r diweddebau sydd yn y dyfyniadau wedi'u paratoi.

Mae diffiniadau ar gyfer dronau, nodau pedal a chordiau pŵer ym Mhennod 5.

Gweithgaredd 1.4

Dyma rai ymarferion **harmoni**.

 A Mae athrawon cerddoriaeth yn aml yn disgrifio cordiau mwyaf fel cordiau sy'n swnio'n hapus a chordiau lleiaf fel rhai sy'n swnio'n drist.

Gwrandewch ar y deg cord canlynol a phenderfynwch ai cordiau mwyaf neu gordiau lleiaf ydyn nhw, yn eich barn chi.

	Mwyaf/Lleiaf?		Mwyaf/Lleiaf?
Cord 1 ▶		Cord 2 ▶	
Cord 3 ▶		Cord 4 ▶	
Cord 5 ▶		Cord 6 ▶	
Cord 7 ▶		Cord 8 ▶	
Cord 9 ▶		Cord 10 ▶	

(yn parhau ar dudalen 15)

PENNOD 1: ELFENNAU CERDDOROL

 B Ym mhob un o'r chwe enghraifft ganlynol, nodwch y math o harmoni sydd i'w glywed. Ticiwch yr ateb cywir o'r tri dewis isod.

	Diatonig	Cromatig	Anghyseiniol
Dyfyniad 1			
Dyfyniad 2			
Dyfyniad 3			
Dyfyniad 4			
Dyfyniad 5			
Dyfyniad 6			

Cyweiredd

Pan fyddwn ni'n sôn am gyweiredd, rydyn ni fel arfer yn golygu **cywair** y gerddoriaeth. Dyma beth sy'n helpu i ddiffinio cymeriad darn. A dweud y gwir, mae'r term fel arfer yn cyfeirio at y system gyfan o berthnasoedd cyweiriol rhwng y nodau, y cordiau a chywair y gerddoriaeth. Bydd weithiau'n cael ei alw'n gyweiredd mwyaf–lleiaf, gan ei fod yn dibynnu ar y graddfeydd mwyaf a lleiaf a'r cordiau sy'n bosibl drwy ddefnyddio nodau o'r graddfeydd hynny. Felly, er mwyn sefydlu beth yw cywair darn wedi'i nodiannu, mae'n rhaid i chi wirio'r arwydd cywair ar ddechrau'r sgôr.

Trefn y llonnodau   Trefn y meddalnodau

Trefn y llonnodau →

F C G D A E B

← Trefn y meddalnodau

Weithiau mae'r gerddoriaeth yn **trawsgyweirio** (h.y. yn newid cywair). Ar gyfer yr arholiad hwn, mae angen i chi wybod arwyddion cywair y cyweiriau mwyaf a lleiaf hyd at bedwar llonnod a phedwar meddalnod. Mae'n rhaid i chi ddeall sut mae trawsgyweirio i gywair y llywydd, a thrawsgyweirio i'r cywair perthynol mwyaf/lleiaf.

Mae'n rhaid i chi ddeall hefyd beth yw ystyr cyweiredd **pentatonig**.

Mae gan y graddfeydd mwyaf a lleiaf pentatonig naws gerddorol arbennig a gwahanol iawn, ac mae'n bosibl eu clywed mewn llawer o enghreifftiau o gerddoriaeth draddodiadol o dros y byd i gyd (e.e. cerddoriaeth werin yr Alban, Appalachia neu China). Mae'r raddfa bentatonig leiaf yn cael ei defnyddio'n aml hefyd mewn cerddoriaeth roc. Mae llawer o alawon yn y genre hwn yn bentatonig, er y gallai'r cyfeiliant fod dipyn yn fwy mentrus. Mae modd dod o hyd i glipiau diddorol i'w gwylio ar y we.

Cofiwch

Rydyn ni'n dweud bod darn o gerddoriaeth yn DDIGYWAIR pan **nad** oes ymdeimlad o gywair neu berthynas mwyaf–lleiaf yn amlwg yn y gerddoriaeth. Sylwch: **nid** yw'n ofynnol i chi wybod am hyn ar gyfer y cwrs TGAU Cerddoriaeth.

⭐ Awgrym adolygu

Wrth geisio sefydlu beth yw cyweiredd darn o gerddoriaeth, ceisiwch gael ymdeimlad o'r cywair 'cyffredinol' – peidiwch â gwrando ar gordiau unigol. Bydd darn o gerddoriaeth mewn cywair mwyaf yn defnyddio rhai cordiau lleiaf, a darn o gerddoriaeth mewn cywair lleiaf yn defnyddio rhai cordiau mwyaf. Fodd bynnag, mae'n syniad da i gael 'ymdeimlad' o'r cywair drwy ganolbwyntio ar y cordiau sydd ar ddechrau ac ar ddiwedd darn neu adran o gerddoriaeth.

Yn gyffredinol, a yw'r darn yn teimlo'n hapus (h.y. mwyaf) neu'n drist (h.y. lleiaf)?

ADRAN 1 ARFARNU

Gweithgaredd 1.5

Dyma rai ymarferion cyweiredd.

A Mwyaf, lleiaf neu bentatonig? Gwrandewch ar y pum dyfyniad canlynol a thanlinellwch y disgrifiad cywir o'r harmoni.

Dyfyniad 1 ▶	Mwyaf / Lleiaf / Pentatonig
Dyfyniad 2 ▶	Mwyaf / Lleiaf / Pentatonig
Dyfyniad 3 ▶	Mwyaf / Lleiaf / Pentatonig
Dyfyniad 4 ▶	Mwyaf / Lleiaf / Pentatonig
Dyfyniad 5 ▶	Mwyaf / Lleiaf / Pentatonig

B Gwrandewch ar y pedwar dyfyniad canlynol, a phenderfynwch pa un o'r sylwadau sy'n disgrifio'r cyweiredd orau. Ticiwch yr ateb cywir. Llinell yr alaw sydd yma ym mhob dyfyniad.

	Cywair mwyaf drwy'r darn cyfan	Cywair lleiaf drwy'r darn cyfan	Yn trawsgyweirio o'r mwyaf i'r lleiaf	Yn trawsgyweirio o'r lleiaf i'r mwyaf
Dyfyniad 1 ▶				
Dyfyniad 2 ▶				
Dyfyniad 3 ▶				
Dyfyniad 4 ▶				

Ffurf ac adeiledd

Mae **adeiledd** yn chwarae rhan bwysig iawn mewn cerddoriaeth; adeiledd sy'n rhoi siâp a chydbwysedd i'r cynnwys. Er enghraifft, gall adeiledd alaw ddibynnu ar batrymau sy'n symud fesul cam neu batrymau graddfaol (h.y. symudiad cysylltiol), syniadau mwy onglog (h.y. symudiad digyswllt) neu batrymau sy'n defnyddio nodau triad (fel ffanffer). Gall fod yn gymysgedd o bob un o'r tri – ac yna mae'n dibynnu ar sut mae'r syniadau a'r patrymau cerddorol yn cael eu trefnu yn fotiffau, yn alawon ac yn themâu, a sut maen nhw'n cael eu defnyddio a'u cyflwyno. Gallan nhw gael eu hailadrodd, eu cyferbynnu a'u datblygu mewn llawer o ffyrdd gwahanol.

Ffurf mewn cerddoriaeth yw'r enw sy'n cael ei roi i'r adeiledd cyffredinol mewn darn o gerddoriaeth, yn ôl sut mae'r holl syniadau wedi cael eu trefnu i greu'r darn gorffenedig. Er mwyn eu hadnabod, mae pob adran yn y gerddoriaeth fel arfer wedi'i labelu â phriflythyren: A, B, C ac yn y blaen.

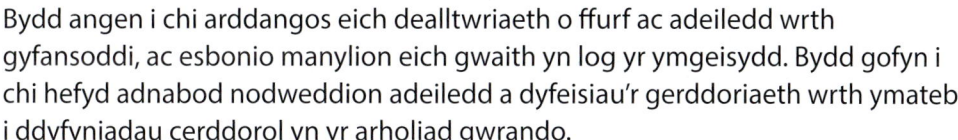

Byddwch chi'n dod ar draws llawer o ffurfiau gwahanol yn y pedwar maes astudio, gan gynnwys:

- ffurf ddwyran
- ffurf deiran
- ffurf rondo
- ffurf miniwét a thrio
- ffurf stroffig
- ffurf thema ac amrywiadau
- ffurf cân 32-bar
- blues 12-bar.

Bydd angen i chi arddangos eich dealltwriaeth o ffurf ac adeiledd wrth gyfansoddi, ac esbonio manylion eich gwaith yn log yr ymgeisydd. Bydd gofyn i chi hefyd adnabod nodweddion adeiledd a dyfeisiau'r gerddoriaeth wrth ymateb i ddyfyniadau cerddorol yn yr arholiad gwrando.

Bydd y cwestiynau mwyaf heriol ar ffurf yn codi gyda'r gwahanol ddyfyniadau wedi'i paratoi, gan fod rhain yn ddarnau cyfan y byddwch chi wedi'u hastudio'n fwy manwl.

Gweithgaredd 1.6

Dyma rai cwestiynau ar **adeiledd**.

A Tynnwch linell i gysylltu'r ffurfiau gyda'r llythrennau sy'n awgrymu'r adeiledd cyffredinol.

Ffurf ddwyran	A B A C A
Ffurf stroffig	A B A
Ffurf rondo	A A B A
Ffurf cân 32-bar	A B
Ffurf deiran	A A A A A A etc.

(yn parhau ar dudalen 18)

ADRAN 1 ARFARNU

B A yw'r gosodiadau canlynol ynglŷn ag adeiledd yn gywir neu'n anghywir? Tanlinellwch yr ateb cywir.

1	Mewn ffurf ddwyran, mae'r ddwy adran fel arfer yn yr un cywair.	**Cywir neu Anghywir**
2	Mewn ffurf deiran, mae'r drydedd adran wedi'i seilio ar yr adran gyntaf.	**Cywir neu Anghywir**
3	Mae ffurf rondo yn cynnwys pum adran gyferbyniol.	**Cywir neu Anghywir**
4	Mewn ffurf ddwyran, mae dechrau adran B fel arfer mewn cywair perthynol.	**Cywir neu Anghywir**
5	Mewn ffurf deiran, mae arwydd amser yr ail adran bob amser yn wahanol i arwydd amser yr adran gyntaf.	**Cywir neu Anghywir**
6	Mae ffurf rondo yn defnyddio adran ailadroddus sy'n seiliedig ar y deunydd agoriadol.	**Cywir neu Anghywir**

Dynameg

Mae'r nodau dynameg mewn darn o gerddoriaeth yn dangos pa mor gryf neu dawel y dylai'r perfformwyr chwarae neu ganu'r gerddoriaeth. Felly, mae'n bwysig gwybod beth yw ystyr y termau a'r symbolau.

ppp pp p mp mf f ff fff
Tawelaf..Cryfaf

Mae'r nodau dynameg yn cael eu gosod o dan yr erwydd cerddorol fel arfer.

Mae termau pwysig eraill i'w gweld ym Mhennod 5.

Gweithgaredd 1.7

A Gan ddefnyddio'r wybodaeth uchod, edrychwch ar yr alaw isod ac atebwch y cwestiynau canlynol:

1. Pa nodyn fydd yn creu'r sŵn cryfaf?
2. Pa nodyn fydd yn creu'r sŵn tawelaf?
3. Ym mha farrau fydd y gerddoriaeth yn cryfhau'n raddol?
4. Ym mha farrau fydd y gerddoriaeth yn tawelu'n raddol?

✓ Cyngor

Rhai termau defnyddiol:

Mae **crescendo** yn golygu 'cryfhau' (weithiau bydd wedi'i dalfyrru i '*cresc.*').

Mae **decrescendo** yn golygu 'tawelu' (weithiau bydd wedi'i dalfyrru i '*decresc.*').

Mae **diminuendo** hefyd yn golygu 'tawelu' (weithiau bydd wedi'i dalfyrru i '*dim.*').

⭐ Awgrym adolygu

Pan fyddwch chi'n gwrando ar wahanol fathau o gerddoriaeth (ac yn eu perfformio) wrth i chi astudio'r cwrs TGAU Cerddoriaeth, ceisiwch adnabod pa ddynameg y dylid ei defnyddio mewn darn, neu ran o ddarn, er mwyn i chi ddod i arfer â'r derminoleg.

Gwnewch yn siŵr eich bod chi'n ychwanegu rhywfaint o ddynameg i'ch cyfansoddiad chi eich hun, er mwyn iddo swnio'n ddiddorol.

PENNOD 1: ELFENNAU CERDDOROL

Soniaredd / Ansawdd

Mae'r elfen hon yn ymwneud ag ansawdd y seiniau rydyn ni'n eu clywed mewn cerddoriaeth. Yn y fanyleb TGAU Cerddoriaeth bresennol, mae'n cyfeirio at:

- offerynnau gwahanol, mathau o leisiau a mathau o grwpiau (h.y. pa offeryn sy'n cael ei chwarae neu ba lais sy'n canu)
- y defnydd o dechnoleg (h.y. beth sy'n cael ei ddefnyddio a sut)
- unrhyw dechnegau perfformio a chynaniad (*articulation*) (h.y. sut mae'r offerynnau a/neu'r lleisiau yn cael eu defnyddio).

Gweithgaredd 1.8

Dyma rai cwestiynau adolygu ar leisiau a mathau o offeryniaeth a thechnoleg, i chi roi cynnig arnyn nhw.

Offerynnau

1. Beth yw enw'r offeryn chwythbren lleiaf?
2. Allwch chi enwi tri offeryn allweddell gwahanol?
3. Beth yw enwau'r offerynnau sy'n cael eu chwarae gyda chorsen ddwbl?
4. Beth sy'n cael ei ddefnyddio i newid y dôn ar offeryn pres?
5. Sawl teulu o offerynnau sydd mewn cerddorfa? Enwch nhw.
6. Sut mae'r sain gerddorol yn cael ei chynhyrchu ar ffliwt?
7. Pam mae'r delyn yn wahanol i'r offerynnau llinynnol eraill?
8. Beth yw 'nodyn agored' ar offeryn llinynnol?
9. Faint o dannau sydd ar gitâr fas fel arfer?
10. Beth yw'r gwahaniaeth rhwng band chwyth a cherddorfa?
11. Beth yw enw grŵp sy'n cynnwys dau feiolin, fiola a sielo?
12. Beth yw ystyr pizzicato?
13. Beth yw'r gwahaniaeth rhwng offerynnau taro tiwniedig ac offerynnau taro di-draw?
14. Beth yw trawiad ymyl?

Lleisiau

1. Pa fath o lais canu benywaidd yw'r un uchaf?
2. Pa lais canu gwrywaidd yw'r un isaf?
3. Beth fyddai'r llythrennau S.A.T.B. yn eu cynrychioli ar ddarn o gerddoriaeth gorawl?
4. Beth yw'r gwahaniaeth rhwng tenor a bariton?
5. Beth yw'r gwahaniaeth rhwng soprano a contralto?
6. Beth yw mezzo-soprano?
7. Beth yw'r term a ddefnyddir i ddisgrifio cerddoriaeth leisiol heb gyfeiliant offerynnol?

(yn parhau ar dudalen 20)

ADRAN 1 ARFARNU

8 Beth yw'r dechneg leisiol a ddefnyddir pan fydd cantorion yn cau eu cegau i greu'r seiniau?

9 Pa dechneg a ddefnyddir gan gantorion gwrywaidd i ganu'n uwch na'u cwmpas lleisiol arferol?

10 Beth yw enw'r arddull leisiol sydd yn cyflwyno geiriau mewn ffordd rythmig mewn cerddoriaeth boblogaidd?

11 Pan fydd grŵp o nodau gwahanol wedi'u canu ar un sillaf o'r geiriau, beth mae hynny'n cael ei alw?

12 Enwch y math o arddull leisiol mewn jazz lle bydd y canwr yn defnyddio sillafau disynnwyr yn hytrach na geiriau wrth berfformio.

13 Pa ddisgrifiad sy'n cael ei roi i'r cast o gantorion mewn sioe gerdd neu opera?

14 Beth yw'r term am osodiad lleisiol cerddorol lle bydd traw neu nodyn gwahanol ar gyfer pob sillaf o'r geiriau?

15 Pa fath o gôr fyddai'n cynnwys rhannau ar gyfer tenoriaid, baritonwyr a baswyr?

Technoleg

1 Beth mae *MIDI* yn ei olygu?

2 Beth yw enw'r offeryn allweddellau electronig sy'n gallu cynhyrchu llawer o fathau gwahanol o ansoddau (*timbres*)?

3 Beth yw enw'r ddyfais a ddefnyddir i addasu sain offerynnau electronig wedi'u mwyhau (*amplified*)?

4 Beth yw ystyr datsain/datseinedd?

5 Beth yw 'samplwr' (a ddefnyddir yn aml mewn technoleg cerddoriaeth)?

6 Mae adborth (*feedback*) yn cael ei achosi pan fydd allbwn y systemau seinyddion yn cael ei godi a'i fwyhau eto, gan greu math o effaith 'dolen'. Cywir neu anghywir?

7 Bydd pedal wah-wah yn cael ei ddefnyddio gyda chit drymiau. Cywir neu anghywir?

8 Beth yw braich tremolo?

9 Beth yw effaith tremolo?

10 Beth yw enw'r arfer o gydbwyso'r sain rhwng dau seinydd?

Gwead

Mae gwead y gerddoriaeth yn golygu llawer mwy nag a ydy'r gerddoriaeth yn teimlo'n 'denau' neu'n 'drwchus'. Mae'n cyfeirio at sut mae'r alaw a'r cordiau wedi'u plethu gyda'i gilydd i greu effeithiau gwahanol – yr haenau o gerddoriaeth a sut maen nhw'n perthyn i'w gilydd. Gwnewch yn siŵr eich bod chi'n gallu adnabod y gweadau canlynol:

PENNOD 1: ELFENNAU CERDDOROL

Math o wead	Esboniad	
Monoffonig	Un llinell felodig, heb unrhyw harmonïau nac alawon eraill.	
Homoffonig	Arddull gordiol; alaw a chordiau, sydd weithiau'n darparu cyferbyniad rhythmig.	
Polyffonig	Mwy nag un rhan yn cyflwyno'r alaw (neu'r alawon) mewn efelychiant neu mewn gwrthbwynt.	

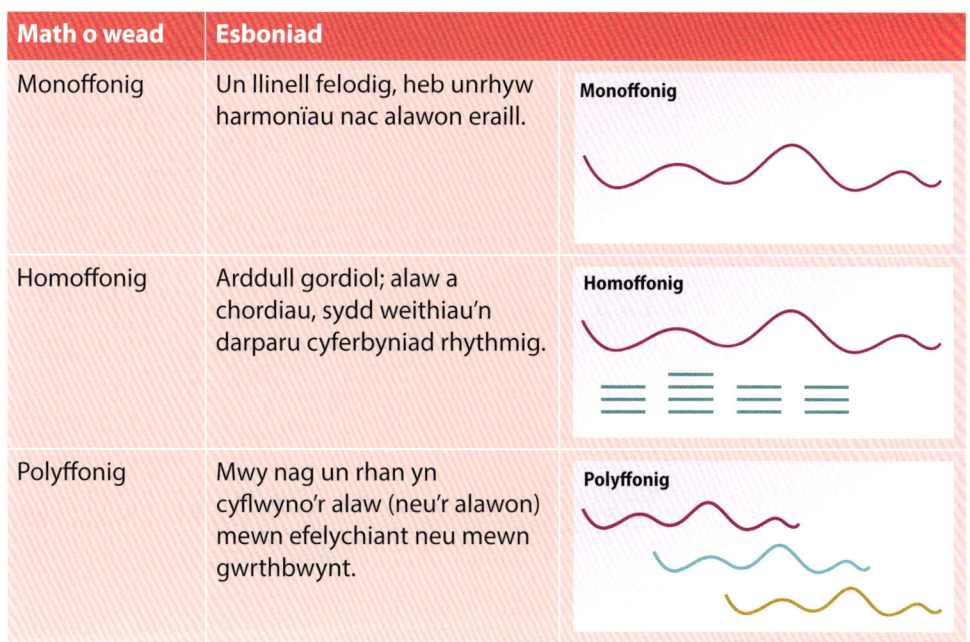

Gweithgaredd 1.9

Dyma rai ymarferion **gwead**.

A Gwrandewch ar ran agoriadol y dyfyniadau ar y wefan. Nodwch ai gwead monoffonig, homoffonig neu bolyffonig sydd yma, yn eich barn chi.

Dyfyniad 1 ▶	_____ffonig
Dyfyniad 2 ▶	_____ffonig
Dyfyniad 3 ▶	_____ffonig
Dyfyniad 4 ▶	_____ffonig
Dyfyniad 5 ▶	_____ffonig
Dyfyniad 6 ▶	_____ffonig

B Gyda ffrindiau, gwrandewch ar 'Gorws Haleliwia' o oratorio *Y Meseia* gan G.F. Handel, sef cyfansoddwr o'r cyfnod Baróc. Byddwch chi hefyd yn gallu darllen y gerddoriaeth wrth i chi wrando, drwy ddod o hyd i'r sgôr ar wefan yr IMSLP (*International Music Score Library Project*). Chwiliwch am *Messiah*.

Tasg Trafodwch wead y gerddoriaeth, er mwyn gwerthfawrogi sut gall mathau gwahanol o wead gael eu cynnwys yn yr un darn.

Gwrando estynedig

'Scherzo' o Sonata i'r Piano yn B fwyaf D.575, gan Schubert: o'r dechrau hyd at 1'06".

Tasg Nodwch y mathau gwahanol o wead a ddefnyddir yn symudiad y 'Scherzo' gan Schubert.

ADRAN 1 ARFARNU

Cwestiynau enghreifftiol

 Bach, *Miniwét yn G* [9 marc]

Byddwch chi'n clywed perfformiad o'r rhan gyntaf o ddarn gan J.S. Bach. Chwaraewch y dyfyniad bedair gwaith. Mae'r alaw wedi'i hysgrifennu isod.

(a) (i) Nodwch y barrau cywir sy'n cael eu chwarae gan y llinell fas ym marrau 9 a 10. Ticiwch yr ateb cywir o'r tri dewis isod. [1 marc]

(ii) Enwch y ddiweddeb sydd i'w chlywed ym marrau 7^3–8. [1 marc]

....

(iii) Enwch y ddyfais gerddorol sy'n cael ei defnyddio ym marrau 13–15. [1 marc]

....

(iv) Cwblhewch y nodau sydd ar goll o'r alaw ym marrau 3–4. (Mae'r rhythm wedi'i roi i chi yn barod.) [3 marc]

(yn parhau ar dudalen 23)

PENNOD 1: ELFENNAU CERDDOROL

(b) Rhowch enw llawn cywair y dyfyniad (e.e. B♭ fwyaf). **[1 marc]**

....

(c) Nodwch yr offeryn sy'n chwarae yn y dyfyniad hwn. **[1 marc]**

....

(ch) Awgrymwch farc tempo ar gyfer y dyfyniad hwn (e.e. allegro). **[1 marc]**

....

The Beatles, 'Yesterday' (o'r dechrau hyd at 1'00") **[9 marc]**

Gwrandewch ar ddau bennill cyntaf **Fersiwn 1** o'r gân hon. Yna atebwch y cwestiynau canlynol.

(a) Mae dau o'r gosodiadau canlynol yn gywir. Ticiwch y ddau osodiad sy'n gywir, yn eich barn chi. **[2 farc]**

Gosodiad	Ticwch
Mae'r rhagarweiniad yn cael ei chwarae ar offeryn taro.	
Mae'r rhagarweiniad yn ddau far o hyd.	
Canwr bas sy'n canu'r gân hon.	
Mae llinynnau'n cael eu hychwanegu at y cyfeiliant ym mhennill dau.	

Nawr gwrandewch ar ddau fersiwn arall o '**Yesterday**':

'Yesterday' Fersiwn 2 (o'r dechrau hyd at 1'16")

(b) Nodwch dair ffordd y mae **Fersiwn 2** yn wahanol i'r gwreiddiol (**Fersiwn 1**). **[3 marc]**

(i) ....

(ii) ....

(iii) ....

'Yesterday' Fersiwn 3 (o'r dechrau hyd at 1'17")

(c) Nodwch dair ffordd y mae **Fersiwn 3** yn wahanol i'r gwreiddiol (**Fersiwn 1**). **[3 marc]**

(i) ....

(ii) ....

(iii) ....

Fersiwn 3

(ch) Ticiwch y blwch sy'n nodi'r math o offerynnau sy'n perfformio yn **Fersiwn 3**. **[1 marc]**

Feiolinau	**Fiolau**	**Sieloau**	**Basau dwbl**
☐	☐	☐	☐

ADRAN 1 ARFARNU

 Cerddoriaeth werin Gymreig [9 marc]

I gwblhau'r cwestiwn hwn, mae'n rhaid i chi wrando ar y trac hyd at 1'48".

Byddwch chi'n clywed dyfyniad o gerddoriaeth werin Gymreig. Gwrandewch ar y dyfyniad ddwywaith. (Yn yr arholiad, bydd y dyfyniad yn cael ei chwarae ddwywaith, gyda saib o 30 eiliad rhwng pob gwrandawiad.)

(a) Enwch y dechneg leisiol a ddefnyddir yn yr adran agoriadol. [1 marc]

....

(b) Mae'r dyfyniad (hyd at 1'48") yn cyflwyno tair adran gyntaf yr adeiledd cyffredinol.
Nodwch y ddwy adran gyntaf yn y drefn rydych yn eu clywed. [2 farc]

(i) Adran 1 ....

(ii) Adran 2 ....

(c) Gwrandewch yn ofalus ar draw y frawddeg gyntaf y mae'r unawdydd yn ei chanu i'r geiriau

'Ar lan y môr mae rhosys cochion'.

Nodwch yr alaw drwy roi tic wrth yr ateb cywir o'r tri dewis isod. [1 marc]

(yn parhau ar dudalen 25)

(ch) Tanlinellwch gyweiredd cywir y gerddoriaeth, fel y mae i'w chlywed yn ail adran y dyfyniad. **[1 marc]**

Mwyaf   **Lleiaf**   **Pentatonig**

(d) Yn y tabl isod, ticiwch un nodwedd gerddorol o'r tempo, a glywir yn y dyfyniad hwn. **[1 marc]**

Nodwedd gerddorol	Ticiwch
Accelerando	
Adagio	
Allegretto	

(dd) Cwblhewch y brawddegau canlynol gyda'r wybodaeth gywir. **[3 marc]**

(i) Mae gwead y canu yn adran 2

....

(ii) Mae gwead y canu yn adran 3

....

(iii) Y math o gôr sy'n canu yn y dyfyniad hwn yw

....

PENNOD 2: DYFYNIADAU WEDI'U PARATOI

Beth mae angen i mi ei wybod?

Mae dau ddyfyniad o gerddoriaeth wedi'u paratoi y mae'n rhaid i chi eu dysgu'n fanylach. Mae'r ddau yn gysylltiedig â maes astudio gwahanol:

▸ *Peer Gynt: Anitra's Dance (Cyfres Rhif 1*, Opws 46) gan Grieg, sy'n gysylltiedig â Ffurfiau a dyfeisiau cerddorol

▸ 'Everything Must Go' gan y Manic Street Preachers, sy'n gysylltiedig â Cherddoriaeth boblogaidd.

Yn yr arholiad Arfarnu, cwestiwn Grieg fydd cwestiwn rhif 1 bob tro. Cwestiwn y Manic Street Preachers fydd cwestiwn 7 bob tro. Bydd y ddau yn cael eu marcio allan o 9 (yr un peth â'r holl gwestiynau eraill ar y papur).

Dyfyniad wedi'i baratoi 1: Grieg, *Anitra's Dance*

Manylion cefndir

- Edvard Grieg (1843–1907) oedd y cyfansoddwr.
- Daw o'r cyfnod Rhamantaidd, ac mae'n cael ei ystyried yn un o gyfansoddwyr mwyaf blaenllaw y cyfnod hwnnw.
- Cafodd ei ddylanwadu gan Felix Mendelssohn, Clara Schumann a cherddoriaeth werin ei wlad enedigol, Norwy.
- Roedd yn bianydd cyngherddau a gyfansoddodd weithiau sylweddol i'r piano, cerddoriaeth achlysurol, cerddoriaeth leisiol, cyfresi a cherddoriaeth gerddorfaol.
- Yn 1874 cafodd wahoddiad gan y dramodydd Henrik Ibsen i gyfansoddi cerddoriaeth achlysurol ar gyfer y ddrama 'Peer Gynt'. Cyflwynwyd y gerddoriaeth hefyd ar ffurf dwy gyfres gyngerdd, a'r enwocaf o'r rhain oedd Cyfres Rhif 1 (Opws 46). Roedd y gyfres hon yn cynnwys pedwar symudiad, ac *Anitra's Dance* oedd symudiad Rhif 3.
- Yn y symudiad hwn, mae'r prif gymeriad, Peer Gynt, yn teithio i lannau pell ac yn ceisio hudo Anitra, merch pennaeth y pentref; fodd bynnag, mae hi'n cael y gorau arno drwy ddwyn ei holl arian a'i eiddo cyn dianc.

Elfennau cerddorol

Ffurf ac adeiledd

Mae'n bosibl dadansoddi adeiledd cyffredinol y symudiad hwn fel ffurf ddwyran neu deiran. Oherwydd hyn, ni fydd gofyn i chi roi sylwadau uniongyrchol ar ei adeiledd yn yr arholiad.

Y GWERSLYFR: tudalennau 45–57

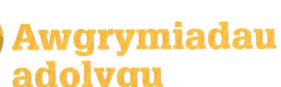

Awgrymiadau adolygu

Y cyfnod Rhamantaidd oedd y cyfnod rhwng 1810–1910 yng ngherddoriaeth Glasurol y Gorllewin.

- Cerddoriaeth achlysurol yw cerddoriaeth sy'n cael ei chyfansoddi i'w defnyddio mewn drama. Mae'n cael ei defnyddio i lenwi bylchau wrth newid golygfeydd, i gymeriadu ac i ategu'r hyn sy'n digwydd ar y llwyfan.
- Casgliad o symudiadau cerddorol byr yw cyfres. Cafodd ei ddefnyddio'n gyffredin yng nghyfnod y Baróc, pan oedd y symudiadau fel arfer yn fathau o ddawnsfeydd.

PENNOD 2: DYFYNIADAU WEDI'U PARATOI

- Mae'r adeiledd sy'n cael ei awgrymu at ddibenion astudio ar ffurf chwe adran ar wahân, sy'n amrywio o ran hyd.

Rhagarweiniad	Adran A	Adran B	Adran A1	Adran A2	Coda
Barrau 1–6:	:Barrau 7–22/3:	:Barrau 24–39	Barrau 40–69	Barrau 70–89/90:	Barrau 91–93
Cord wedi'i gynnal; cyfeiliant syml yn dechrau yn b. 3	Yn cynnwys dau syniad 8 bar, thema w a thema x	Yn cynnwys dau syniad 4 bar cyferbyniol, thema y a motiff z	Dau far o ddeunydd rhagarweiniol yn datblygu thema w; dwy frawddeg 7 bar, wedyn dwy frawddeg 4 bar	Estyn syniadau ymhellach gan ddefnyddio thema w a thema x	Diwedd y symudiad

Ailadrodd (Adran A) — Ailadrodd (Adran B – A2)

Offeryniaeth
- Cerddorfa Linynnol: feiolinau 1 a 2, fiola, sieloau 1 a 2, bas dwbl.
- Triongl.
- Sylwch ar y defnydd o ddyfeisiau fel arco, tremolo, divisi a pizzicato.

Offeryn taro yw'r triongl.

Tempo
- Molto allegro.
- Wedi'i labelu'n 'Tempo di **Mazurka**'.
- **160 *bpm***.
- Ym marrau 68–69 ceir ***poco rit.***, er bod y tempo gwreiddiol yn dychwelyd ym mar 70 – ***a tempo***.

Dynameg
- Mae'r darn hwn yn cynnwys ystod eang o ddynameg, o *pp* (pianissimo – tawel iawn) i *f* (forte – cryf).
- Sylwch ar yr holl farciau crescendo (yn cryfhau'n raddol) a diminuendo (yn tawelu'n raddol).

Rhythm
- Amser triphlyg.
- Wedi'i ysgrifennu ar ffurf 3/4 (h.y. 3 churiad crosiet ym mhob bar).
- Defnyddio nodau â gwerth syml (e.e. hanner brifau, minimau, crosietau a chwaferau).
- Defnyddio rhythmau dotiog yn Adran B, yr adran wrthgyferbyniol.

Gwead
- Homoffonig: alaw a chyfeiliant.
- Chwarae'n unsain/gwead monoffonig ar ddiwedd Adran A, ac ym marrau 28–32 yn Adran B.
- Defnyddio rhywfaint o efelychiant (e.e. barrau 28–31, barrau 55–65).

> **Termau allweddol**
>
> **Mazurka**
> Dawns werin fywiog o Wlad Pwyl, mewn amser triphlyg.
>
> ***160 bpm***
> Marc metronom, sy'n dangos cyflymder y gerddoriaeth.
>
> ***Poco rit.***
> 'Ychydig yn arafach.'
>
> ***A tempo***
> Chwarae ar 'y tempo gwreiddiol'.

ADRAN 1 ARFARNU

Cyweiredd

Rhagarweiniad	Adran A	Adran B	Adran A1	Adran A2	Coda
Barrau 1–6	:Barrau 7–22/3:	:Barrau 24–39	Barrau 40–69	Barrau 70–89/90:	Barrau 91–93
A leiaf – cywair y tonydd	A leiaf E leiaf ym mar 19, cywair lleiaf y llywydd	E fwyaf i ddechrau ⇒ A fwyaf (b. 32), cywair mwyaf y tonydd	B. 40–46: D fwyaf, mwyaf yr islywydd ⇒ D leiaf, lleiaf yr islywydd (b. 47) ⇒ F fwyaf, mwyaf yr isfeidon (b. 55)	A leiaf	A leiaf

⟵——— Ailadrodd ———⟶ ⟵——— Ailadrodd ———⟶

 Awgrymiadau adolygu

Enw arall ar gywair y tonydd yw'r cywair gwreiddiol.

Y tonydd yw cam cyntaf y raddfa.

Yr islywydd yw pedwerydd cam y raddfa.

Y llywydd yw pumed cam y raddfa.

Yr isfeidon yw chweched cam y raddfa.

Alaw

Mae'r alaw yn y darn hwn yn defnyddio pedwar syniad cerddorol. Mae symudiad cysylltiol a symudiad digyswllt yn amlwg, gydag addurniadau'n cael eu defnyddio i addurno'r syniadau. Mae cwmpas yr alaw yn eang (bron tri wythfed yn rhan feiolin 1).

Thema w =	Barrau 7–14
[nodiant cerddoriaeth]	Curiad i fyny (anacrwsis) yw curiad olaf bar 6, sy'n cael ei ysgrifennu fel 6¹
Thema x =	Barrau 15–22
[nodiant cerddoriaeth]	
Thema y =	Barrau 24–27
[nodiant cerddoriaeth]	
Motiff z =	Barrau 28–31
[nodiant cerddoriaeth]	

PENNOD 2: DYFYNIADAU WEDI'U PARATOI

Rhagarweiniad	Adran A	Adran B	Adran A1	Adran A2	Coda
Barrau 1–6	:Barrau 7–22/3:	:Barrau 24–39	Barrau 40–69	Barrau 70–89/90:	Barrau 91–93
Cord wedi'i ddal – y cyfeiliant yn dechrau	**Thema w:** symudiad cysylltiol a symudiad digyswllt; yn dechrau gydag anacrwsis, yn cynnwys addurniadau **Thema x:** symudiad digyswllt, yn cynnwys symudiad cromatig Yn gysylltiol gan fwyaf ar ddiwedd yr adran	**Thema y:** symudiad cysylltiol, syniad mewn 3yddau ar wahân i'r nodyn olaf, yn cynnwys rhythm dotiog **Motiff z:** 4 nodyn disgynnol, syniad cwaferau yn symud fesul cam Defnyddio dilyniant barrau 32–39 (ar draw uwch)	Yn datblygu thema w, drwy drawsgyweirio a defnyddio dilyniant Parhau i ddefnyddio addurniadau (mordentau, triliau)	Thema w Thema x Estyniad ar nodau i frawddegau (h.y. b. 78–81 a defnydd o ddilyniant)	Diweddu ar gord wedi'i ddal

← Ailadrodd →   ← Ailadrodd →

Harmoni

Caiff yr harmoni ei ddisgrifio fel harmoni **diatonig**. Yn yr arholiad Arfarnu, mae'n bosibl y bydd gofyn i chi ddisgrifio neu adnabod unrhyw gord neu gywair ar unrhyw adeg – mae'r manylion hynny i'w cael yn y gwerslyfr. At ddibenion adolygu, mae'r canllaw hwn yn nodi'r prif nodweddion harmonig ym mhob adran.

Rhagarweiniad	Adran A	Adran B	Adran A1	Adran A2	Coda
Barrau 1–6	:Barrau 7–22/23:	:Barrau 24–39	Barrau 40–69	Barrau 70–89/90:	Barrau 91–93
Cord V wedi'i gynnal ar y dechrau; mae'r syniad yn y cyfeiliant yn defnyddio cordiau I a V, gyda rhai anghytgordiau uwch ar y llywydd	Harmonïau cyfoethog yma: yn defnyddio'r safle gwreiddiol, y gwrthdro cyntaf, cordiau 7fed a 9fed, a chord cywasg Daw'r frawddeg gyntaf i ben gyda diweddeb berffaith yn A leiaf Daw'r adran i ben â diweddeb berffaith yn E leiaf	Mae'r dechrau wedi'i adeiladu ar anghytgord uwch E fwyaf (h.y. mae'r 7fed a'r 9fed nodyn wedi'u cynnwys); harmoni cywasg o b. 32 **Cylch 5edau:** | E	A	D | |---|---|---| | b. 24 | b. 32 | b. 40 | Yn gorffen ar ddiweddeb berffaith i D fwyaf	Harmonïau cyfoethog fel o'r blaen, ond yn trawsgyweirio drwy wahanol gyweiriau; parhau i roi pwyslais ar gordiau estynedig, h.y. 7fedau, 9fedau	Harmonïau fel o'r blaen – yn ôl yn A leiaf	Diweddeb berffaith yn A leiaf

← Ailadrodd →   ← Ailadrodd →

 **Cyngor**

Bydd defnyddio'r termau technegol cywir wrth ysgrifennu am y gerddoriaeth yn helpu i wella eich gradd.

 Cofiwch

- **Cord I** yw cord y **tonydd**.
- **Cord V** yw cord y **llywydd**.
- **7fed cord** yw cord sy'n cynnwys triad, yn ogystal â nodyn 3ydd yn uwch sy'n ffurfio cyfwng o 7fed uwchben gwreiddyn y cord.
- **Anghytgord uwch** yw pan mae nodau'n cael eu hychwanegu at driad, y mae rhai ohonynt nhw, o bosibl, yn creu 'gwrthdrawiad', gan roi ymdeimlad anghyseiniol i'r cord.
- Mae **cord cywasg** yn cynnwys 3yddau lleiaf, sy'n creu tensiwn a 'lliw harmonig' dramatig i'r gerddoriaeth.

Gweithgaredd 2.1

Rhowch gynnig ar ateb y cwestiynau dewis lluosog hyn ar harmoni. Maen nhw werth 1 marc yr un.

1 Beth yw'r cord ar ddechrau bar 9?
 - ☐ cord mwyaf, safle gwreiddiol
 - ☐ cord lleiaf, gwrthdro cyntaf
 - ☐ cord mwyaf, gwrthdro cyntaf
 - ☐ cord lleiaf, safle gwreiddiol.

2 Beth yw'r cord ym mar 14?
 - ☐ cord A leiaf
 - ☐ cord B fwyaf
 - ☐ cord A fwyaf
 - ☐ cord B leiaf.

3 Beth yw'r ddiweddeb ym marrau 18–19?
 - ☐ diweddeb berffaith yn E leiaf
 - ☐ diweddeb amherffaith yn E leiaf
 - ☐ diweddeb amen/eglwysig yn E leiaf
 - ☐ diweddeb annisgwyl yn E leiaf.

4 Cord 4/2 yw'r cord ym mar 55. Beth yw'r cord hwn?
 - ☐ cord 7fed yn ei safle gwreiddiol
 - ☐ cord 7fed yn ei wrthdro 1af
 - ☐ cord 7fed yn ei 2il wrthdro
 - ☐ cord 7fed yn ei 3ydd gwrthdro?

5 Ticiwch y gair isod sy'n disgrifio orau yr harmoni ym marrau 32–40:
 - ☐ diatonig
 - ☐ anghyseiniol
 - ☐ cywasg
 - ☐ digyswllt.

PENNOD 2: DYFYNIADAU WEDI'U PARATOI

Cwestiwn enghreifftiol

 Mae'r cwestiwn canlynol yn enghraifft nodweddiadol o gwestiwn arholiad a osodwyd ar y dyfyniad wedi'i baratoi gan Grieg. Gwrandewch ar yr adran isod ar y wefan, o 1'10" i 1'36", yna atebwch y cwestiynau sy'n dilyn.

Mae'r sgôr isod yn dangos llinell y feiolin **cyntaf** ar ddechrau'r dyfyniad hwn. **[9 marc]**

(a) Nodwch pa adran o *Anitra's Dance* sydd i'w chlywed yn y dyfyniad hwn. **[1 marc]**

....

(b) Nodwch y cywair ar ddechrau'r dyfyniad hwn. **[1 marc]**

....

(c) Nodwch y nod dynameg Eidaleg sydd wedi cael ei ddefnyddio ar ddechrau'r adran hon, a nodwch ei ystyr. **[2 farc]**

Nod dynameg Eidaleg: ....

Ystyr: ....

(ch) Nodwch rifau bar a churiad lle mae enghreifftiau o'r nodweddion cerddorol canlynol yn y sgôr (e.e. mae bar 26³ yn golygu bar 26, trydydd curiad crosiet). **[4 marc]**

Nodweddion	Barrau a churiadau
Cord 4/2	
Cord 9fed	
Efelychiant rhwng dwy ran	
Dilyniant	

(d) Mae rhai o'r nodau yn yr alaw yn cael eu chwarae'n fyr iawn ac wedi'u gwahanu. Beth yw'r enw technegol ar y ddyfais hon? **[1 marc]**

....

ADRAN 1 ARFARNU

Y GWERSLYFR: tudalennau 184–193

Termau allweddol

Cyn-gytgan
Term sy'n cael ei roi i adran fer o gân sy'n dod cyn y brif gytgan.

Diweddglo
Term sy'n cael ei ddefnyddio mewn cerddoriaeth Boblogaidd sy'n cyfeirio at adran olaf cân neu ddarn (yr un peth â **coda**).

Dyfyniad wedi'i baratoi 2: Manic Street Preachers, 'Everything Must Go'

Manylion cefndir
- Cafodd y sengl hon ei rhyddhau ym mis Gorffennaf 1996.
- Ysgrifennwyd y gerddoriaeth gan James Dean Bradfield a Sean Moore, a'r geiriau gan Nicky Wire.
- Mae'r gân yn cael ei hystyried mewn arddull Roc Amgen/Britpop.

Elfennau cerddorol

Ffurf ac adeiledd
- Adeiledd pennill–cytgan
- Hefyd yn cynnwys rhagarweiniad, **cyn-gytgan** a **diweddglo**.

Rhagarweiniad	Pennill 1 + cyn-gytgan/cytgan + cyswllt (offerynnol)	Pennill 2 + cyn-gytgan/cytgan + cyswllt (offerynnol + lleisiol)	Cyn-gytgan/cytgan x 2	Diweddglo
Barrau 1–6	Barrau 7–38	Barrau 39–74	Barrau 75–108	Barrau 109–116
Offerynnol	Barrau 7–14: Pennill 1 Barrau 15–18: Cyn-gytgan Barrau 19–34: Cytgan Barrau 35–38: Cyswllt (offerynnol)	Barrau 39–46: Pennill 2 Barrau 47–50: Cyn-gytgan Barrau 51–66: Cytgan Barrau 67–74: Cyswllt (offerynnol + lleisiol)	Barrau 75–78: Cyn-gytgan Barrau 79–94: Cytgan Barrau 95–108: Cytgan (wedi'i byrhau)	Offerynnol

Rhai ffeithiau diddorol
- Mae lleisiau'r gyn-gytgan yn dod i mewn ar anacrwsis, h.y. dau guriad cyn y barrau sydd wedi'u rhestru uchod.
- Weithiau mae'r gytgan yn cael ei galw'n **byrdwn**.
- Yr enw ar y llinell sy'n cynnwys geiriau o deitl y gân (h.y. y llinell sy'n aros yn eich pen) yw **bachyn**.

Offeryniaeth
- Grŵp roc (cit drymiau, gitâr fas, gitâr flaen/rythm)
- Offerynnau ychwanegol (llinynnau – 3 feiolin, 2 fiola) a thambwrîn
- Prif leisydd (gwryw) a lleisiau cefndir (gwryw)

Tempo
- Cyflym, bywiog
- 135 *bpm*

Dynameg
Mezzo forte (gweddol gryf) yn bennaf, hyd at forte (cryf).

PENNOD 2: DYFYNIADAU WEDI'U PARATOI

Rhythm
- 4/4 yw'r arwydd amser (h.y. 4 curiad crosiet fesul bar).
- Llawer o batrymau rhythmig amrywiol.
- Rhywfaint o drawsacennu cymhleth wrth i'r rhythm ddilyn y geiriau.
- Mae'n cynnwys rhythmau syth, rhythmau dotiog, nodau clwm, tripledi, tawnodau.
- Dyfais homorythmig yn y gytgan pan mae cantorion yn canu'r un geiriau, felly yr un rhythmau, ond ar draw gwahanol.

Gwead
- Homoffonig, alaw + cyfeiliant fel arfer.
- Lleisiau cefndir yn ychwanegu at y gwead.
- Mae'r llinynnau hefyd yn ychwanegu motiffau melodig ychwanegol er mwyn creu gwead mwy diddorol.

Cyweiredd
Mwyaf (E fwyaf)

> ✅ **Cyngor**
> Gall arwydd amser 4/4 hefyd gael ei ddisgrifio fel amser syml pedwarplyg, neu amser cyffredin.

> ⭐ **Awgrym adolygu**
> Mae'r rhan fwyaf o eiriau'r gân hon wedi'u gosod yn sillafog, h.y. un nodyn i bob sillaf.

Alaw

Rhagarweiniad	Pennill 1 cyn-gytgan/cytgan + cyswllt (offerynnol)	Pennill 2 + cyn-gytgan/cytgan + cyswllt (offerynnol + lleisiol)	Cyn-gytgan/cytgan x 2	Diweddglo
Barrau 1–6	Barrau 7–38	Barrau 39–74	Barrau 75–108	Barrau 109–116
Effaith ystumiant ar y gitâr; patrymau rhythmig yn y strymio; llenwad gan y drymiau	Gosodiad y geiriau'n sillafog yn bennaf; rhythmau trawsacennog yn y llinell leisiol; brawddegau o siâp tebyg; yn gysylltiol yn bennaf, ond gyda rhai cyfyngau; addurniadau lleisiol ar nodyn olaf pob llinell; cwmpas lleisiol gweddol gyfyng, o fewn 5ed yn y cyn-gytgan, ac 8fed yn y gytgan; syniad cromatig ar ddechrau llinellau 1 a 3 yn y gytgan, a gosodiad ansillafog ar y gair 'go'	Rhai mân addasiadau i gyd-fynd â'r geiriau ac i greu cyferbyniad; syniad llinynnol newydd yn y gyn-gytgan; yr alaw yn y llinynnau yn yr adran gyswllt yn seiliedig ar alaw'r pennill	Syniad pentatonig disgynnol yn y gitarau a'r llinynnau; estyniad yn y llinynnau yn seiliedig ar yr alaw wreiddiol; newidiadau mân iawn yn y gytgan o ran traw yr alaw	Mae rhan o alaw'r pennill yn cael ei defnyddio yn y llinynnau; adran flodeuog fyrfyfyr ar y gitâr/llithro i'r diwedd

Harmoni
Mae'r harmoni sy'n cael ei ddefnyddio yn y gân hon yn ailadroddus. Mae'r harmoni yn ddiatonig yn bennaf.

O far 3, mae pob cord yn para dau far.

Mae'r gân yn seiliedig ar dri phatrwm cordiau.

Patrwm cordiau 1: Am/E ⇒ Emaj7

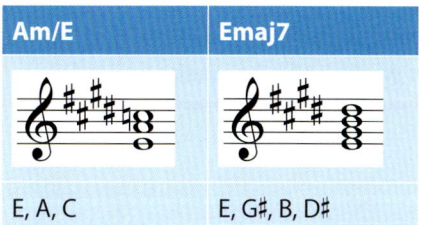

- Cord lleiaf ac wedyn cord mwyaf.
- Mae'r cord 1af yn yr 2il wrthdro.
- Cord 7fed mwyaf yn y safle gwreiddiol yw'r 2il gord.

ADRAN 1 ARFARNU

> **Awgrym adolygu**
>
> Mae'n bosibl cyfeirio at batrwm cordiau hefyd fel 'dilyniad cordiau' neu 'dilyniant cordiau'.

Patrwm cordiau 2: C♯m7 ⇒ Am

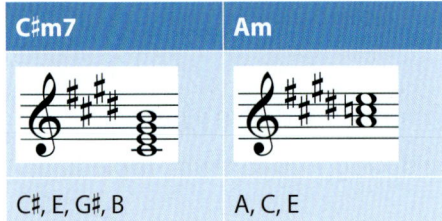

C♯m7	Am
C♯, E, G♯, B	A, C, E

- Dau gord lleiaf.
- Mae'r cord 1af yn gord 7fed.
- Mae'r ddau gord yn eu safle gwreiddiol.

Patrwm cordiau 3: E ⇒ Am ⇒ D ⇒ E

E	Am	D	E
E, G♯, B	A, C, E	D, F♯, A	E, G♯, B

- Dim ond yr 2il gord sy'n gord lleiaf – cordiau mwyaf yw'r tri chord arall.
- Mae'r holl gordiau yn y safle gwreiddiol.

Rhagarweiniad	Pennill 1 cyn-gytgan/cytgan + cyswllt (offerynnol)	Pennill 2 + cyn-gytgan/cytgan + cyswllt (offerynnol + lleisiol)	Cyn-gytgan/cytgan x 2	Diweddglo
Barrau 1–6	Barrau 7–38	Barrau 39–74	Barrau 75–108	Barrau 109–116
Barrau 1–2: Patrwm cordiau 1	Patrwm cordiau 1 x 2 Patrwm cordiau 2 Patrwm cordiau 3 x 2	Patrwm cordiau 1 x 2 Patrwm cordiau 2 Patrwm cordiau 3 x 2 Patrwm cordiau 1 x 2	Patrwm cordiau 2 Patrwm cordiau 3 Patrwm cordiau 3 – wedi'i ailadrodd (ond heb gynnwys cord olaf E)	Patrwm cordiau 1 x 2

- Mae'r gân yn gorffen ar gord 7fed y tonydd.

> **✓ Cyngor**
> - Cord E yw cord y tonydd mwyaf. Mae wedi'i gynnwys yn adrannau'r gytgan.
> - Cord Emaj7 yw cord y tonydd gyda 7fed mwyaf wedi'i ychwanegu.
> - Cord C♯m7 yw'r cord meidon lleiaf gyda 7fed mwyaf wedi'i ychwanegu.
> - Cord Am yw cord yr islywydd lleiaf.
> - Cord Am/E yw cord yr islywydd lleiaf yn yr 2il wrthdro.
> - Cord D yw cord y nodyn arweiniol fflat yng nghywair E fwyaf, ac mae ond wedi'i gynnwys yn adrannau'r gytgan. Mae'n werth cofio lle mae'r cord!

PENNOD 2: DYFYNIADAU WEDI'U PARATOI

Gweithgaredd 2.2

Cwblhewch y cwis canlynol ar 'Everything Must Go'. Mae 1 marc ar gael ar gyfer pob cwestiwn.

1

	Cywir neu Anghywir?
Mae'r gân hon mewn arddull hip-hop.	
Mae'r gân hon mewn arddull baled roc.	
Mae gwead y gân hon yn homoffonig.	
Mae gwead y gân hon yn bolyffonig.	
Mae'r gân hon yn cael ei pherfformio'n a cappella.	
Mae pedwarawd chwyth yn cyfeilio i'r gân hon.	
Mae grŵp roc gydag offerynnau ychwanegol yn cyfeilio i'r gân hon.	

2 Beth yw nodau'r cord C#m7?
   (a) C#, E#, G#, B#
   (b) C#, E#, G#, B
   (c) C#, E#, G, B
   (ch) C#, E, G#, B

3 Beth yw dau gyfwng olaf 2il linell y pennill cyntaf ar y gair 'everything'?
   (a) 5ed wedyn 3ydd
   (b) 4ydd wedyn 5ed
   (c) 3ydd wedyn 5ed
   (ch) 4ydd wedyn 5ed.

4 Ticiwch y gosodiad sy'n gywir, yn eich barn chi.

Gosodiad	Ticiwch
(a) Cywair gwreiddiol y gân hon yw A leiaf.	
(b) Cywair gwreiddiol y gân hon yw E fwyaf.	

5 Parwch y gosodiadau yn y ddwy golofn.

a	Pan fydd patrwm cordiau 3 yn cael ei chwarae am y tro olaf yn y gân hon …	A	… mae'r llinynnau'n chwarae nodyn pedal gwrthdroëdig.
b	Mae cord wedi'i ysgrifennu fel Am/E yn golygu bod …	B	… yn dechrau gydag anacrwsis.
c	Yn y gytgan gyntaf …	C	… yr ail nodyn yw'r nodyn sy'n cael ei glywed yn y bas.
ch	Y syniad melodig disgynnol ar ddiwedd y gytgan …	CH	… yw cord Emaj7.
d	Mae cord olaf y darn …	D	…. yn syniad pentatonig sy'n cael ei chwarae gan offerynnau.
dd	Mae adran y gyn-gytgan …	DD	… mae cord olaf E wedi'i hepgor.

> ⭐ **Awgrym adolygu**
>
> **Nodyn pedal gwrthdroëdig** yw nodyn pedal nad yw yn y bas, ac sydd yn aml yn cael ei glywed yn y rhan uchaf.
>
> **Anacrwsis** yw'r enw technegol ar gyfer 'curiad i fyny'.
>
> Syniad **pentatonig** mewn cerddoriaeth yw syniad sy'n seiliedig ar bum nodyn. Graddfa bentatonig yw graddfa sy'n cynnwys pum nodyn o fewn wythfed.

Cwestiwn enghreifftiol

 Mae'r cwestiwn canlynol yn enghraifft nodweddiadol o gwestiwn arholiad a osodwyd ar y dyfyniad wedi'i baratoi, **'Everything Must Go'**.

Gwrandewch ar y dyfyniad ar y wefan, o'r dechrau hyd at 00.47", ac yna atebwch y cwestiynau isod.

[9 marc]

(a) Mae'r dyfyniad hwn yn cynnwys pedair adran. Nodwch y pedair adran yn y drefn rydych yn eu clywed. **[4 marc]**

(i) ....

(ii) ....

(iii) ....

(iv) ....

(b) Yn y tabl isod, ticiwch yr ail gord sy'n cael ei glywed yn y dyfyniad hwn, yn eich barn chi. **[1 marc]**

Cord	Ticiwch
Am	
E fwyaf	
C#m7	
Emaj7	

(c) Disgrifiwch dair nodwedd o rythm yr alaw sy'n cael eu clywed yn y dyfyniad hwn. **[3 marc]**

....

....

....

....

....

(ch) Tanlinellwch y flwyddyn pan gafodd y gân hon ei rhyddhau fel sengl. **[1 marc]**

1990	1992	1994	1996

PENNOD 3: ARDDWEUD CLYWEDOL

Beth mae angen i mi ei wybod?

- Bydd un o'r cwestiynau ar y papur Arfarnu yn cael ei gyflwyno ochr yn ochr â braslun o sgôr yr alaw sy'n cael ei chlywed yn y dyfyniad.
- Yn y cwestiwn hwn, bydd gofyn i chi gwblhau'r rhythm neu'r traw mewn adran byr o'r gerddoriaeth.
- Wrth arddweud traw, bydd y nodau bob amser o fewn y raddfa fwyaf.
- Wrth arddweud traw, gallai'r nodau fod yng nghleff y trebl neu yng nghleff y bas.
- Wrth arddweud rhythm a thraw, bydd y darn bob amser mewn amser syml.
- Gallai'r prawf i adnabod patrymau cerddorol fod mewn amser syml neu gyfansawdd.
- Bydd rhannau eraill o'r cwestiwn yn gofyn i chi adnabod nodweddion cerddorol eraill (e.e. cyweiriau, diweddebau, arwyddion amser, adnabod offerynnau/lleisiau, unrhyw arwyddion neu dermau a ddefnyddir yn y braslun o'r sgôr a roddwyd).

 Cofiwch

- Amser syml – 2/4, 3/4, 4/4
- Amser cyfansawdd – 6/8

Mae llawer o fyfyrwyr Cerddoriaeth TGAU yn gweld bod arddweud cerddorol (*musical dictation*) yn sgìl anodd i'w feistroli – felly gorau po gyntaf y byddwch chi'n gwneud popeth o fewn eich gallu i wella eich sgiliau darllen ac ysgrifennu cerddoriaeth.

Gall y cwestiwn hwn godi yn unrhyw faes astudio, a bydd yn seiliedig ar ddyfyniad cerddorol sydd heb ei baratoi. Byddwch chi'n cael braslun o'r sgôr fel rhan o'r cwestiwn – a bydd gofyn i chi, ar ryw bwynt, 'lenwi'r bylchau', fel petai.

Byddwch chi'n cael yr hyder i ateb y cwestiwn hwn o wybod ac adnabod y canlynol:

- arwyddion cywair
- arwyddion amser
- symudiad fesul cam (cysylltiol)
- symudiad onglog (digyswllt)
- patrymau traw a rhythm.

Peidiwch ag osgoi nodiant cerddorol oherwydd ei fod yn ymddangos yn gymhleth. Iaith yw cerddoriaeth, a'r mwyaf y byddwch chi'n defnyddio nodiant, y mwyaf rhwydd y byddwch chi'n gallu ei ddarllen a'i ysgrifennu. Cymerwch eich amser, un cam ar y tro.

Cysylltu'r sain â'r symbol sy'n bwysig.

Mae rhai gweithgareddau i'w gweld yn adran olaf y gwerslyfr *TGAU Cerddoriaeth (Argraffiad Diwygiedig)*.

Y dull gorau yw meithrin eich sgiliau cofio yn araf, ond yn gyson. Fel plentyn ifanc, ddysgoch chi sut i siarad ac ysgrifennu drwy gopïo ac ailadrodd

 **Cyngor**

Gwnewch yn siŵr eich bod chi'n gwybod:

- yr arwyddion amser (2/4, 3/4, 4/4 a 6/8)
- yr holl fathau gwahanol o werthoedd nodau
- arwyddion cywair hyd at bedwar meddalnod a phedwar llonnod (mwyaf a lleiaf).

Y GWERSLYFR:
tudalennau 224–229

brawddegau cyn eu hysgrifennu i lawr – ac wrth ddysgu iaith gerddorol, mae'n rhaid i chi wneud yr un peth. Copïwch ac ailadroddwch ddarnau cerddorol, yna ceisiwch eu hysgrifennu.

Gwrandewch ar nifer o batrymau melodig a rhythmig sy'n cynnwys tri neu bedwar nodyn. Copïwch ac ailadroddwch y patrwm, yna dychmygwch sut byddai'r syniad yn edrych pe bai wedi'i ysgrifennu. Yn raddol, byddwch chi'n gallu copïo a datrys patrymau mwy cymhleth mewn gwahanol gyweiriau.

Profi eich hun: pa mor gywir gallwch chi gopïo ac ysgrifennu yr hyn rydych chi'n ei chwarae a'i glywed?

Gweithgaredd 3.1

Gallwch chi wella eich sgiliau heb wrando ar unrhyw gerddoriaeth. Meddyliwch am alaw hawdd i weld os gallwch chi ysgrifennu'r dôn. Yna, ewch at allweddell neu offeryn o'ch dewis i chwarae yr hyn rydych chi wedi'i ysgrifennu. Os nad yw'n swnio'n debyg i'r hyn roeddech chi'n ei ddisgwyl, dylech chi ddyfalbarhau a cheisio gweithio allan pam nad yw'n debyg. Er enghraifft, gallech chi roi cynnig ar 'I Orwedd Mewn Preseb' yng nghywair C fwyaf. 3/4 yw'r amser a'r nodyn cyntaf yw G. Gweithiwch allan y trawiau, wedyn y rhythm.

Nawr ceisiwch ysgrifennu'r alaw yng nghywair A fwyaf, ac unwaith eto yn E fwyaf.

Gweithgaredd 3.2

Edrychwch ar ambell ddarn o gerddoriaeth (alawon byr wedi'u nodiannu, yn ddelfrydol). Tapiwch y rhythmau. Rhowch draw y nodyn cyntaf i chi eich hun, yna ceisiwch ganu a chwarae'r alawon ar yr olwg gyntaf. Bydd hyn o gymorth mawr i chi wella eich sgiliau darllen cerddoriaeth.

Gweithgaredd 3.3

Cyfansoddwch frawddegau cerddorol dau far o hyd mewn amrywiaeth o wahanol gyweiriau ac arwyddion amser. Gallwch chi ddewis sut i'w cofnodi – naill ai eu hysgrifennu ar bapur erwydd neu drwy ddefnyddio technoleg. Perfformiwch neu chwaraewch nhw i ffrind i weld a yw'n gallu adnabod y patrymau a'r motiffau. Gallwch chi roi'r nodyn cyntaf a'r nodyn olaf os ydych chi'n dymuno.

Gweithgaredd 3.4

Bydd yr ymarferion canlynol yn canolbwyntio ar:

- adnabod traw a rhythmau
- arwyddion amser
- arddweud traw a rhythm
- cyweiriau
- cordiau a diweddebau.

(yn parhau ar dudalen 39)

PENNOD 3: ARDDWEUD CLYWEDOL

 1 Gwrandewch ar y dyfyniadau canlynol ar y wefan, yna, ar gyfer pob un, nodwch:
- y patrwm melodig cywir sydd i'w glywed ym marrau 3 a 4
- yr arwydd amser
- y cywair.

(a)

Nodwch y patrwm melodig sydd i'w glywed ym marrau 3 a 4 drwy roi tic o dan yr ateb cywir o'r tri dewis isod:		
1 ☐	2 ☐	3 ☐
Nodwch yr arwydd amser:		
Nodwch y cywair:		

(b)

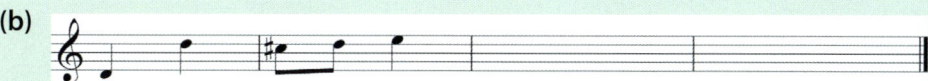

Nodwch y patrwm melodig sydd i'w glywed ym marrau 3 a 4 drwy roi tic o dan yr ateb cywir o'r tri dewis isod:		
1 ☐	2 ☐	3 ☐
Nodwch yr arwydd amser:		
Nodwch y cywair:		

(c)

Nodwch y patrwm melodig sydd i'w glywed ym marrau 3 a 4 drwy roi tic o dan yr ateb cywir o'r tri dewis isod:		
1 ☐	2 ☐	3 ☐
Nodwch yr arwydd amser:		
Nodwch y cywair:		

(ch)

Nodwch y patrwm melodig sydd i'w glywed ym marrau 3 a 4 drwy roi tic o dan yr ateb cywir o'r tri dewis isod:		
1 ☐	2 ☐	3 ☐
Nodwch yr arwydd amser:		
Nodwch y cywair:		

(yn parhau ar dudalen 40)

ADRAN 1 ARFARNU

(d)

Nodwch y patrwm melodig sydd i'w glywed ym marrau 3 a 4 drwy roi tic o dan yr ateb cywir o'r tri dewis isod:

1 ☐ 2 ☐ 3 ☐

Nodwch yr arwydd amser:

Nodwch y cywair:

(dd)

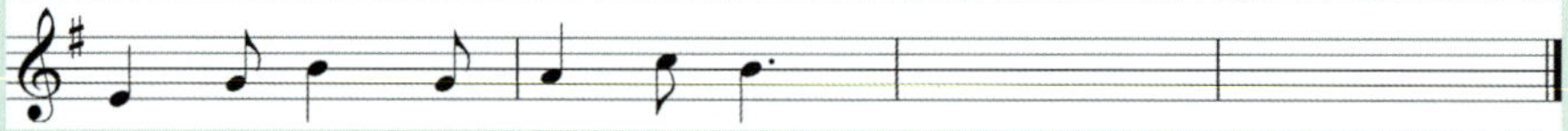

Nodwch y patrwm melodig sydd i'w glywed ym marrau 3 a 4 drwy roi tic o dan yr ateb cywir o'r tri dewis isod:

1 ☐ 2 ☐ 3 ☐

Nodwch yr arwydd amser:

Nodwch y cywair:

(e)

Nodwch y patrwm melodig sydd i'w glywed ym marrau 3 a 4 drwy roi tic o dan yr ateb cywir o'r tri dewis isod:

1 ☐ 2 ☐ 3 ☐

Nodwch yr arwydd amser:

Nodwch y cywair:

(f)

Nodwch y patrwm melodig sydd i'w glywed ym marrau 3 a 4 drwy roi tic o dan yr ateb cywir o'r tri dewis isod:

1 ☐ 2 ☐ 3 ☐

Nodwch yr arwydd amser:

Nodwch y cywair:

2 Gwrandewch ar y dyfyniadau canlynol ar y wefan, yna, ar gyfer pob un:
- rhowch yr arwydd amser cywir
- rhowch y **rhythm** sydd ar goll ym marrau 3 a 4
- nodwch ai cyweiredd **mwyaf** neu gyweiredd **lleiaf** sydd yma, yn eich barn chi.

(yn parhau ar dudalen 41)

PENNOD 3: ARDDWEUD CLYWEDOL

(a)

Cyweiredd:......................................

(b)

Cyweiredd:......................................

(c)

Cyweiredd:......................................

(ch)

Cyweiredd:......................................

(d)

Cyweiredd:......................................

(dd)

Cyweiredd:......................................

>  **Cyngor**
>
> Os ydych chi wedi llwyddo i nodi rhythm yr enghreifftiau hyn – beth am geisio gweithio allan beth yw'r traw hefyd? Bydd eich sgiliau yn gwella gyda phob tasg ychwanegol.

(e)

Cyweiredd:......................................

(f)

Cyweiredd:......................................

3 Gwrandewch ar y dyfyniadau canlynol ar y wefan, yna, ar gyfer pob un:
- cwblhewch y nodau sydd ar goll o alaw'r trebl
- rhowch enw llawn y cywair.

(a)

Cywair:......................................

(b)

Cywair:......................................

(yn parhau ar dudalen 42)

ADRAN 1 ARFARNU

(c)

Cywair: ....

(ch)

Cywair: ....

(d)

Cywair: ....

(dd)

Cywair: ....

(e)

Cywair: ....

(f)

Cywair: ....

4 Gwrandewch ar y dyfyniadau canlynol ar y wefan, yna, ar gyfer pob un:
- cwblhewch y nodau sydd ar goll o alaw'r bas
- rhowch enw llawn y cywair.

(a)

Cywair: ....

(b)

Cywair: ....

(c)

Cywair: ....

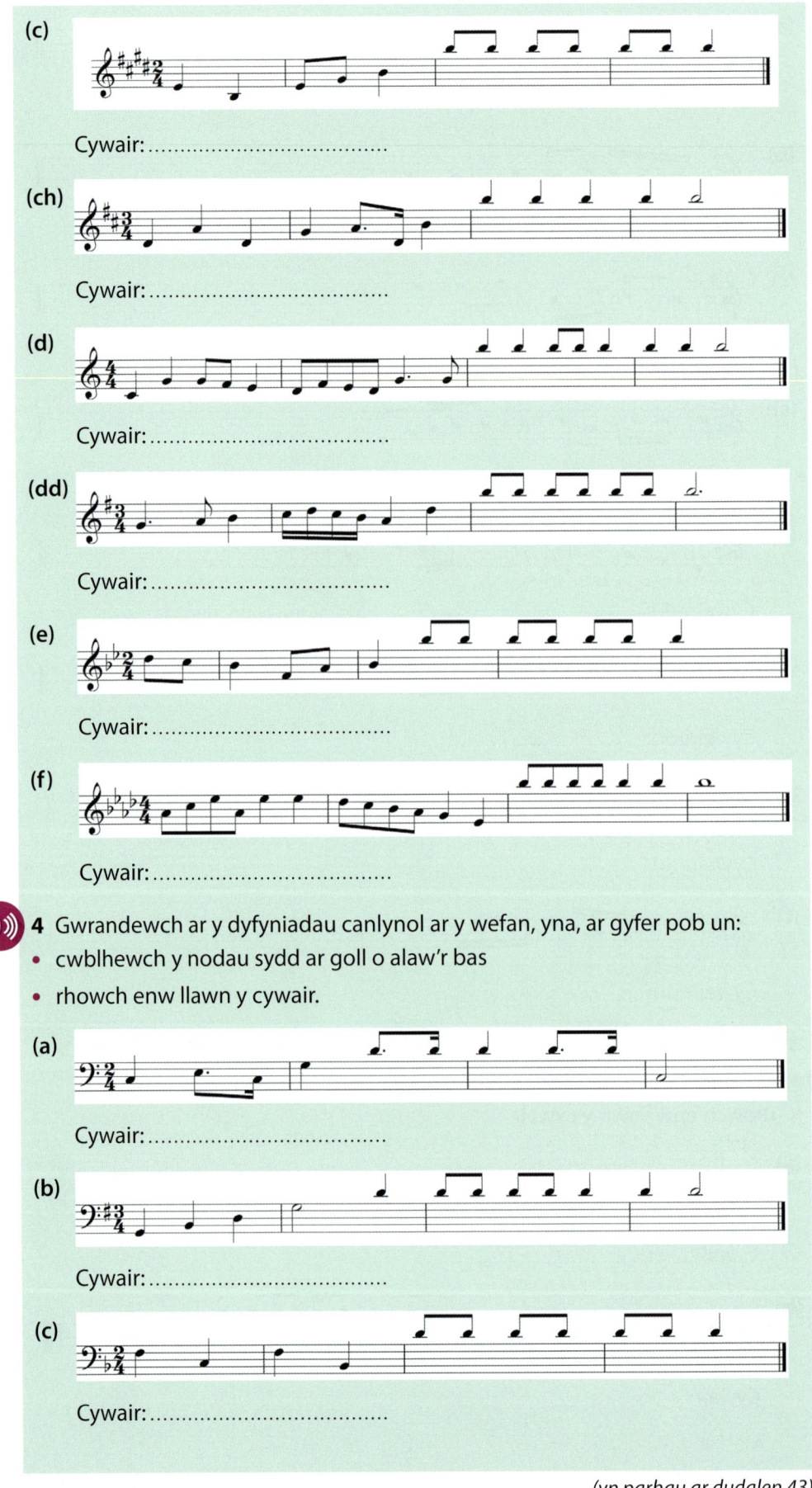

(yn parhau ar dudalen 43)

PENNOD 3: ARDDWEUD CLYWEDOL

(ch)

Cywair: ....

 Cyngor

Heriwch eich hun. Wrth i chi wrando ar yr enghreifftiau hyn, enwch y cord sydd wedi'i farcio â seren yn rhai ohonyn nhw.

(d)

Cywair: ....

(dd)

Cywair: ....

(e)

Cywair: ....

(f)

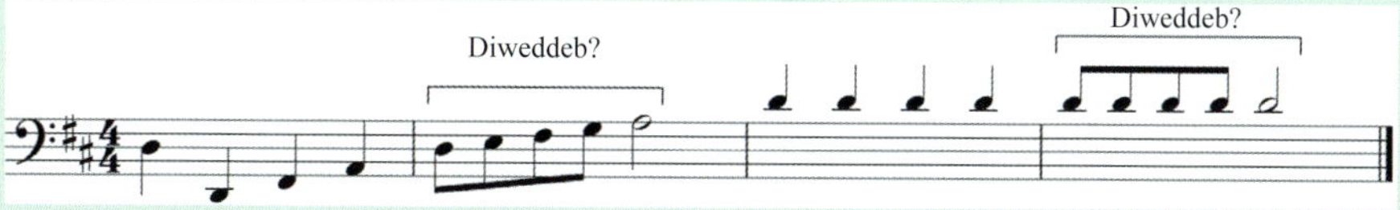

Cywair: ....

Enwch y ddiweddeb ym mar 2: ....

Enwch y ddiweddeb ym mar 4: ....

5 Gwrandewch ar y dyfyniadau canlynol ar y wefan, yna, ar gyfer pob un:
- cwblhewch y nodau sydd ar goll o'r alaw
- nodwch y cywair
- enwch y math o arwydd amser (h.y. deublyg syml, triphlyg syml, pedwarplyg syml neu ddeublyg cyfansawdd).

(a)

Cywair: ....

Math o arwydd amser: ....

(b)

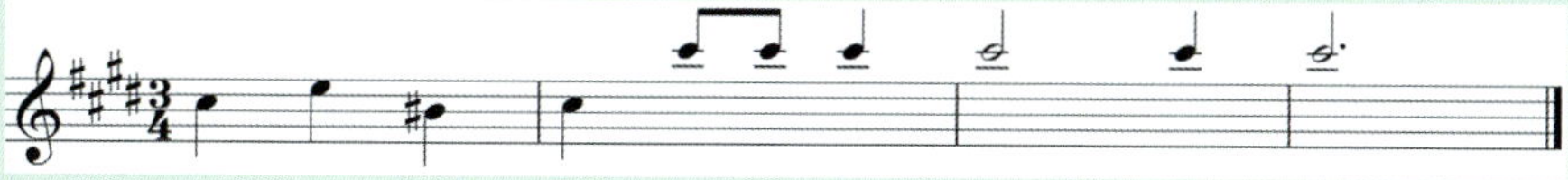

Cywair: ....

Math o arwydd amser: ....

(yn parhau ar dudalen 44)

ADRAN 1 ARFARNU

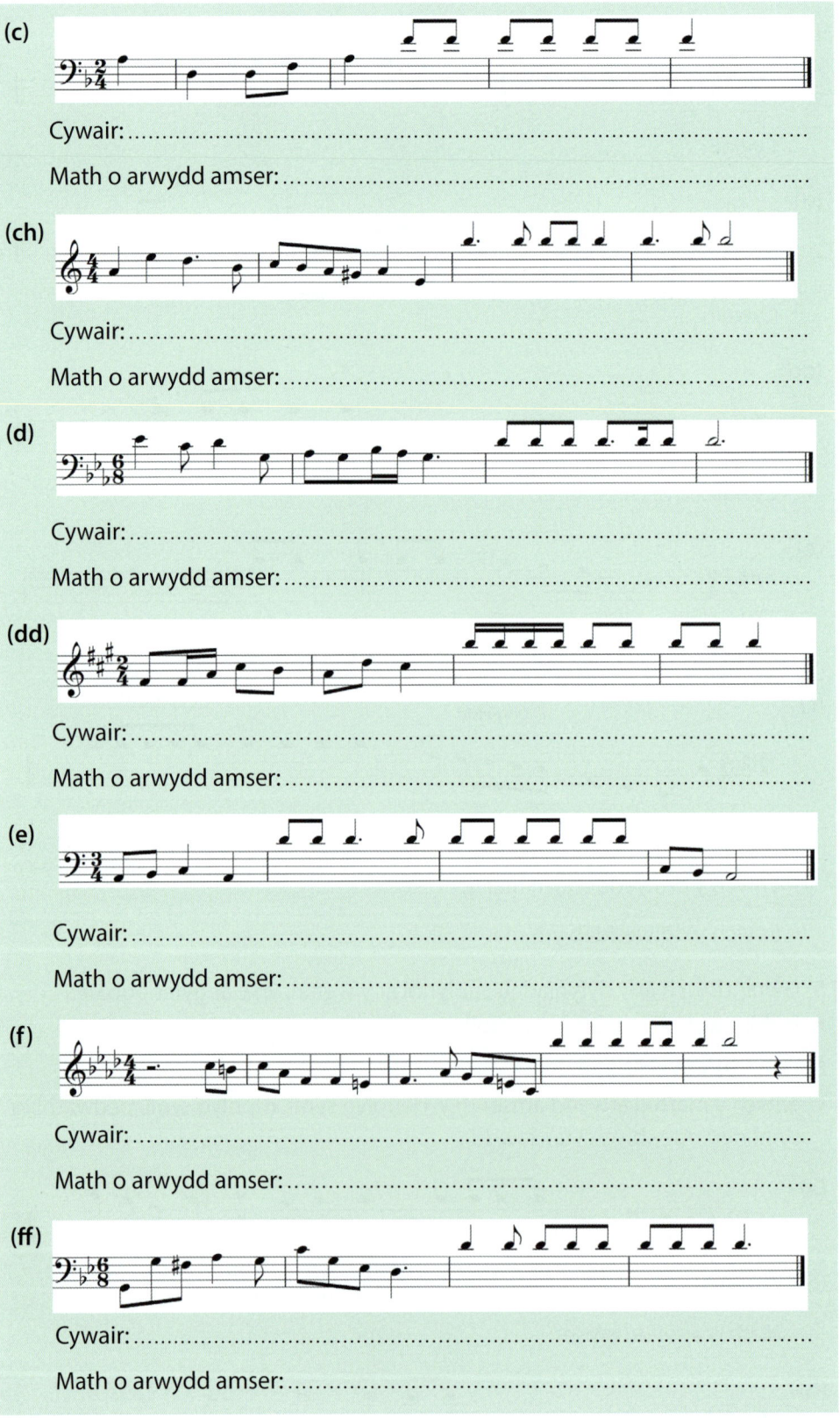

(c)

Cywair: ....

Math o arwydd amser: ....

(ch)

Cywair: ....

Math o arwydd amser: ....

(d)

Cywair: ....

Math o arwydd amser: ....

(dd)

Cywair: ....

Math o arwydd amser: ....

(e)

Cywair: ....

Math o arwydd amser: ....

(f)

Cywair: ....

Math o arwydd amser: ....

(ff)

Cywair: ....

Math o arwydd amser: ....

(yn parhau ar dudalen 45)

(g)

Cywair: ....

Math o arwydd amser: ....

 6 Gwrandewch ar y dyfyniadau canlynol ar y wefan, yna, ar gyfer pob un:
- enwch y **ddiweddeb** sydd i'w chlywed ar ddiwedd y frawddeg gerddorol
- nodwch ai cyweiredd **Mwyaf** neu gyweiredd **Lleiaf** sydd yma.

	Diweddeb?	Mwyaf/Lleiaf?
(i)		
(ii)		
(iii)		
(iv)		
(v)		
(vi)		
(vii)		
(viii)		
(ix)		
(x)		

PENNOD 4: CWESTIYNAU ENGHREIFFTIOL

Beth mae angen i mi ei wybod?

Ar gyfer rhai o'r cwestiynau ar y papur Arfarnu, mae angen i chi ysgrifennu atebion hirach, mwy estynedig, mewn ymateb i'r dyfyniadau cerddorol sy'n cael eu chwarae yn yr arholiad.

Bydd yn rhaid i chi ddangos eich bod chi'n gallu llunio sylwadau cerddorol manwl gywir a, lle bo'n briodol, bydd yn rhaid i'ch atebion ddangos dealltwriaeth o'r canlynol:

Yr elfennau cerddorol

fel:
- dynameg
- harmoni
- alaw
- rhythm
- mesur
- ffurf ac adeiledd
- tempo
- gwead
- soniaredd/ansawdd
- cyweiredd

Y cyd-destunau cerddorol

fel:
- effaith yr achlysur/y lleoliad
- pwrpas a bwriad y gerddoriaeth
- y cefndir cymdeithasol, hanesyddol a diwylliannol

Yr iaith gerddorol

fel:
- nodiant trebl
- nodiant bas
- cleff yr alto (dyfyniadau wedi'u paratoi ar Faes Astudio 1)
- symbolau cordiau
- arwyddion cywair
- geirfa gerddorol
- nodiant rhythm
- arwyddion amser

Mae dau fath o gwestiwn yn yr arholiad.

1. **Cwestiynau ateb byr**: mae angen i'ch ateb fod yn fanwl gywir, oherwydd efallai y bydd gofyn i chi enwi, nodi, adnabod, tanlinellu, dewis, llenwi neu ddiffinio rhywbeth. Bydd hyn yn aml yn cynnwys math o gwestiwn dewis lluosog, lle bydd yn rhaid i chi ddewis yr ateb cywir.

2. **Cwestiynau ateb hir**: efallai y bydd gofyn i chi ddisgrifio, esbonio, cymharu, cyferbynnu, cwblhau'r traw neu'r rhythmau coll, neu gyfeirio at y gwahaniaethau cerddorol rhwng y dyfyniadau cerddorol sy'n cael eu chwarae yn yr arholiad.

Byddwch chi'n gweld enghreifftiau o'r cwestiynau ateb byr mewn rhannau eraill o'r llyfr hwn, felly yn y bennod hon byddwn ni'n edrych ar y cwestiynau ateb hirach/estynedig. Mae dau fath.

1. Gyda'r math cyntaf, bydd angen rhoi ateb ar ffurf paragraff hir.
2. Gyda'r ail, bydd angen ateb sy'n fwy tebyg i arddull traethawd. I lawer o fyfyrwyr, gall hyn fod yn fwy o her.

Ysgrifennu ateb ar ffurf paragraff hir

Gall gwerth y cwestiynau hyn amrywio rhwng 2 a 6 marc, gydag 1 marc am bob sylw cywir. Does dim lle i gynnwys manylion amherthnasol! Gadewch i ni edrych ar enghraifft.

Awgrym adolygu

Mae'r rhan fwyaf o'r cwestiynau yn yr arholiad yn ymwneud ag elfennau cerddorol ac iaith gerddorol. Dyna pam ei bod hi mor bwysig i chi wybod yn union beth i'w gynnwys yn eich atebion.

PENNOD 4: CWESTIYNAU ENGHREIFFTIOL

Enghraifft o ateb ar ffurf paragraff hir

Gwrandewch ar y wefan ar y 58 eiliad cyntaf o gerddoriaeth. Yn yr arholiad, bydd y dyfyniad yn cael ei chwarae ddwywaith. Cyflwynir dau gwestiwn gwahanol isod, sydd yn enghreifftiau nodweddiadol o'r hyn a allai gael ei ofyn am y dyfyniad hwn.

Cwestiwn 1 Esboniwch dair ffordd y mae'r cyfansoddwr yn creu naws ymlaciol yn y gerddoriaeth. **[3 marc]**

Ateb marc uchel	Sylwadau
Mae'r cyfansoddwr wedi defnyddio tempo araf, gyda churiad rheolaidd a chyson. Yn gyffredinol, 'piano' yw dynameg y gerddoriaeth, ac mae'r alaw araf a chyson sy'n cael ei chwarae gan y bas mewn cwmpasran isel, yn ychwanegu at y naws. Mae curiad ergydiol ysgafn ar y drymiau hefyd, ac mae'r defnydd o frwshys yn meddalu'r effaith, sy'n eithaf llonyddol.	Dyma ateb da iawn, sy'n dangos yn glir bod y myfyriwr wedi ystyried amrywiaeth o elfennau cerddorol, gan gynnwys esbonio'r ffordd y mae'r offerynnau wedi cael eu defnyddio.
Ateb marc isel	**Sylwadau**
Mae'r ffordd y mae'r piano'n chwarae yn cynnal y naws. Mae'r drymiau'n cael eu chwarae'n ysgafn, sy'n helpu'r curiad. Mae'r naws yn ymlaciol a hamddenol.	Mae rhai o'r sylwadau'n gywir, ond does dim digon o esboniadau. Mae angen i'r myfyriwr **ddisgrifio**'r ffordd y mae'r piano'n chwarae i greu'r naws, h.y. sut mae'n cael ei chwarae a'r hyn sy'n cael ei chwarae, a pha fath o guriad a ddefnyddir ar y drymiau. Dim ond ailadrodd y wybodaeth sydd wedi'i rhoi eisoes yn y cwestiwn y mae'r frawddeg olaf.

Cwestiwn 2 Disgrifiwch sut mae'r cyfansoddwr yn defnyddio'r elfennau cerddorol **rhythm** a **mesur** yn y cyfansoddiad hwn. **[4 marc]**

Ateb marc uchel	Sylwadau
Mae'r cyfansoddwr wedi defnyddio tempo araf (lento o bosibl), gyda churiad rheolaidd a chyson. Mae'r llinell fas yn cynnal y tempo gyda churiadau crosiet, ond yn newid i gwaferau a rhai patrymau trawsacennog pan mae'n chwarae'r alaw. Mae cordiau yn rhan y piano, sy'n rhai trawsacennog yn bennaf. Amser 4/4 yw'r darn (h.y. pedwarplyg syml).	Dyma ateb ardderchog sy'n cynnig digonedd o wybodaeth gywir gan ddefnyddio geirfa dechnegol briodol. Mae llawer o fanylion perthnasol, penodol wedi'u cynnwys.
Ateb marc isel	**Sylwadau**
Mae'r drymiau'n chwarae curiad araf. Mae'r gerddoriaeth yn drawsacennog, mewn arddull jazz, ac mae'r mesur yn cynnwys arwydd amser sydd â'r un nifer o guriadau ym mhob bar. Mae'r cyfansoddwr wedi defnyddio elfennau rhythm a mesur mewn ffordd ddiddorol.	Mae'r ateb wedi cynnwys rhai nodweddion rhythmig cywir, ond yn amlwg does yma ddim yr un manylion na'r un esboniad â'r ateb blaenorol. Er enghraifft, beth yw arwydd amser y gerddoriaeth – yn union faint o guriadau sydd ym mhob bar? Beth allai'r arwydd tempo fod?
	Unwaith eto, mae'r frawddeg olaf yn ailadrodd y cwestiwn, heb roi manylion cerddorol penodol i esbonio **pam** gallai fod yn ddiddorol.
	Petai pob pwynt wedi cael ei esbonio, byddai'r ateb wedi cael mwy o farciau.

Ysgrifennu ateb arddull traethawd

Mae mwy o farciau ar gael ar gyfer cwestiwn ateb arddull traethawd. Does dim rhaid i'ch ateb fod yn 'draethawd'. Gallwch chi ei gyflwyno drwy ddefnyddio pwyntiau bwled, er enghraifft, ond mae'n rhaid i chi sicrhau eich bod yn esbonio ac yn disgrifio eich sylwadau, yn hytrach na chyflwyno atebion pwyntiau bwled yn unig.

Caiff ei farcio allan o 9, a'i asesu gan ddefnyddio grid marcio sydd wedi'i rannu'n fandiau ac wedi'u seilio ar feini prawf gwahanol i gyd-fynd â'r cwestiwn a osodwyd.

Dyma enghraifft o'r meini prawf ar gyfer marcio ateb a oedd yn gofyn i'r ymgeisydd gyflwyno sylwadau ar y defnydd o elfennau cerddorol mewn darn. Mae angen i chi anelu at y brig!

Ateb **craff** sy'n rhoi disgrifiad manwl o'r defnydd o elfennau cerddorol. Wedi'i drefnu'n dda, gan ddefnyddio termau priodol, gyda gramadeg, atalnodi a sillafu cywir.

↓

Ateb **sicr** sy'n rhoi disgrifiad rhesymol o'r defnydd o elfennau cerddorol. Yn drefnus ar y cyfan, gan ddefnyddio termau priodol, gyda gramadeg, atalnodi a sillafu cywir fel arfer.

↓

Ateb **anghyson**, gyda rhywfaint o ddisgrifio'r defnydd o elfennau cerddorol. Yn rhannol drefnus, gyda rhywfaint o dermau priodol, gramadeg, atalnodi a sillafu gweddol gywir.

↓

Ateb **sylfaenol**, heb ddisgrifio'r defnydd o elfennau cerddorol rhyw lawer. Lefel sylfaenol o ran trefn a'r defnydd o dermau, gyda gwallau o ran gramadeg, atalnodi a sillafu.

↓

Ateb **cyfyngedig**, gyda dim ond ychydig iawn o ddisgrifiadau o'r defnydd o elfennau cerddorol. Mae'r drefn a'r defnydd o dermau hefyd yn gyfyng, ac mae'r ateb hefyd yn cynnwys llawer o wallau gramadeg, atalnodi a sillafu.

Noder: Bydd 0 yn cael ei roi fel marc os nad oes unrhyw wybodaeth yn berthnasol neu'n gywir, neu os nad oedd unrhyw ymgais i ateb y cwestiwn.

PENNOD 4: CWESTIYNAU ENGHREIFFTIOL

Enghraifft o gwestiwn arddull traethawd

 Ewch i'r wefan a gwrandewch ar ddarn o theatr gerdd o'r enw '**Light of the World**' o *Godspell* gan Stephen Schwartz, o'r dechrau hyd at 1'02". Yn yr arholiad, bydd y dyfyniad yn cael ei chwarae dair gwaith. Mae'r geiriau wedi'u darparu, a gallai fod o gymorth i chi gyfeirio at rifau'r llinellau yn eich ateb.

[9 marc]

Darn lleisiol yw hwn – dyma'r geiriau:

1. You are the light of the world!
2. You are the light of the world!
3. But if that light is under a bushel
4. Brrr, it's lost something kind of crucial
5. You got to stay bright to be the light of the world!
6. You are the salt of the earth,
7. You are the salt of the earth
8. But if that salt has lost its flavour,
9. It ain't got much in its favour
10. You can't have that fault and be the salt of the earth!
11. So let your light so shine before men
12. Let your light so shine
13. So that they might know some kindness again
14. We all need help to feel fine ...
    (Let's have some wine!)

Cwestiwn: Disgrifiwch y defnydd o elfennau cerddorol yn y dyfyniad. Gallwch gyfeirio at:

- adeiledd
- rhythm
- dynameg
- alaw
- harmoni
- gwead
- arddull
- naws.

 Cyngor

Does dim un ffordd benodol o ateb y cwestiwn hwn. Yr hyn sydd angen ei wneud mewn gwirionedd yw cynnwys cymaint o sylwadau cerddorol cywir ag sy'n bosibl. Dyma rai awgrymiadau:

1. Ysgrifennwch draethawd sy'n ymdrin â phob un o'r elfennau a awgrymir yn eu tro, gan gyfeirio at rifau llinellau pan fyddwch chi eisiau esbonio rhywbeth gan gyfeirio'n uniongyrchol at y gerddoriaeth.
2. Dechreuwch eich ateb gyda pharagraff o wybodaeth gyffredinol sy'n berthnasol i'r dyfyniad cyfan, yna dewiswch nodweddion cerddorol o ddiddordeb arbennig drwy gyfeirio at linellau'r geiriau.

Awgrym: Gallwch chi ddefnyddio pwyntiau bwled neu benawdau ochr yn eich ateb, ond mae'n **rhaid** i chi esbonio eich sylwadau yn llawn.

 **Awgrym adolygu**

Yn y rhestr hon o elfennau cerddorol, does dim sôn am y defnydd o offeryniaeth, lleisiau na chyweiredd. Byddwch chi hefyd yn ennill marciau os ydych chi'n cynnwys sylwadau perthnasol ar y nodweddion hynny.

Pwysig: Mae'r cwestiwn hwn yn awgrymu y 'gallwch' chi gyfeirio at y pwyntiau a restrir, felly canllaw yn unig ydyn nhw. Os bydd y cwestiwn yn nodi'n glir bod '**rhaid** i chi gyfeirio at...', yna does dim elfen ddewisol. Mae'n rhaid i chi ddisgrifio popeth ar y rhestr.

ADRAN 1 ARFARNU

Beth am edrych ar rai atebion i'r cwestiwn hwn.

Ateb marc uchel A	Sylwadau
Mae *adeiledd* y dyfyniad yn rhannu'n bedair adran: rhagarweiniad, dau bennill, a phont neu adran gyswllt. Mae *rhythmau'r* darn mewn amser 4/4 (pedwarplyg syml). Mae rhythmau dotiog, nodau clwm, cordiau acennog oddi ar y curiad, a syniadau rhythmig trawsacennog i'w clywed drwy'r gerddoriaeth i gyd. Mae'r *tempo* yn gyson (moderato), gyda rhythmau sy'n gyrru'r gerddoriaeth ymlaen. Mae'r *ddynameg* yn forte, a'r un peth bron drwy'r holl ddarn. Mae'r *alaw* yn 'fachog' iawn. Mae'r agoriad yn cynnwys riff cryf yn y bas, sy'n cael ei ailadrodd bedair gwaith, ac mae naws y brif alaw yn debyg i'r blues. Mae cwmpas yr alaw yn y penillion yn eithaf cyfyng, er ei fod yn cael ei ehangu yn adran y bont. Mae'r *offerynnau* sy'n chwarae'r cyfeiliant yn cael eu hadnabod fel 'band pit', sydd fel arfer yn cynnwys cit drymiau, gitâr fas, gitâr flaen ac allweddellau (gan gynnwys organ). Mae'r *harmoni* yn ddiatonig, ac yn cynnwys cordiau 'jazzy' fel 7fedau. Mae'r dyfyniad mewn cywair mwyaf, ac yn gorffen gyda diweddeb amherffaith. Mae'r *gwead* drwy'r holl ddarn yn homoffonig yn bennaf. Ym mhennill 1 mae lleisydd gwrywaidd yn canu'r alaw i gyfeiliant cordiau, gyda'r côr yn ychwanegu rhai harmonïau, tra bo pennill 2 yn dechrau mewn harmoni gyda lleisydd benywaidd ychwanegol. Mae'r côr yn ymuno'n llawn yn adran y bont (llinell 11) ac mae llinell 14 yn cael ei chanu'n ddigyfeiliant ac mewn unsain (gwead monoffonig). Mae'r gerddoriaeth mewn math o *arddull* roc, ond mae ganddi hefyd ymdeimlad o gerddoriaeth gospel. Mae'n gân hapus gyda naws 'teimlo'n dda'.	Mae'r ateb hwn yn cynnwys llawer o sylwadau ardderchog. Efallai mai un peth i'w ychwanegu fyddai cyfeirio'n fanylach at y geiriau, h.y. bod yn fanwl iawn wrth gyfeirio at y nodweddion cerddorol. Roedd y wybodaeth am y gweadau cerddorol yn enghraifft dda o hyn, lle defnyddiwyd rhifau'r llinellau wrth esbonio.
Ateb marc uchel B	*Sylwadau*
• Adeiledd: mae'r dyfyniad yn rhannu'n bedair adran: rhagarweiniad offerynnol (4 bar), dau bennill (llinellau 1–5 a 6–10) a chytgan byr (llinell 11 hyd at ddiwedd y dyfyniad). • Cyweiredd: cywair mwyaf yn gyffredinol. • Arwydd amser: amser 4/4 (pedwarplyg syml). • Gwead: homoffonig yn bennaf. • Tempo: cyson (moderato) gyda rhythmau sy'n gyrru'r gerddoriaeth ymlaen. • Dynameg: forte, yr un peth drwy'r holl ddarn, fwy neu lai. • Cyfeiliant offerynnol: yn cynnwys 'band pit', h.y. cit drymiau, gitâr fas, gitâr flaen ac allweddellau (gan gynnwys organ). • Harmoni: diatonig gyda theimlad eithaf 'jazzy'. • Arddull: er bod y gerddoriaeth mewn math o arddull roc, mae ganddi hefyd ymdeimlad o gerddoriaeth gospel. Mae'n gân hapus gyda naws 'teimlo'n dda'. • MANYLION ERAILL: Rhagarweiniad offerynnol: pedwar bar o hyd. Mae'n dechrau gyda llithriad disgynnol (glissando) yn y bas sy'n arwain at batrwm riff trawsacennog cryf, sydd i'w glywed bedair gwaith. Mae'r cord acennog yn y gitâr flaen ar yr ail guriad. Pennill 1 (llinellau 1–5): mae llinell 1 yn dechrau gyda'r lleisydd gwrywaidd (yng nghanol cwmpas y llais, tenor o bosibl). Mae'r côr yn ymuno mewn unsain (llinell 2). Mae llinellau 3 a 4 yn cael eu cyflwyno mewn math o 'arddull lafar' (sy'n nodweddiadol o theatr gerdd), ac yn ddigyfeiliant ar wahân i'r cordiau ff ar guriad cyntaf y bar. Llinell 6 – mae'r holl leiswyr yn canu mewn harmoni.	Ateb ardderchog arall sy'n fanwl iawn. Mae'n cynnwys llawer o fanylion cerddorol, wedi'u cysylltu'n glir â'r geiriau. Mae'n nodweddiadol o ateb myfyriwr ar y lefel uchaf, a bydd marciau'n cael eu rhoi am y manylion priodol, am y drefn, ac am y defnydd cywir o derminoleg y pwnc.

(yn parhau ar dudalen 51)

PENNOD 4: CWESTIYNAU ENGHREIFFTIOL

Ateb marc uchel B (*yn parhau*)	Sylwadau
Pennill 2 (llinellau 6–10): yn llinell 6, mae lleisydd benywaidd yn cael ei hychwanegu mewn harmoni at ailadroddiad o'r alaw, (sy'n cael ei chanu gan yr unawdydd tenor), wedi'i ddilyn gan linell 7, a glywir yn yr un ffordd â phennill 1, gyda holl gantorion yr ensemble yn canu mewn harmoni. Mae'r arddull lafar yn cael ei chlywed eto yn llinellau 8 a 9, ond gyda math o floc pren neu drawiad ymyl ar bob curiad y tro hwn. Mae'r holl gantorion yn ymuno, fel o'r blaen, ar gyfer llinell olaf pennill 2 (10). Mae hyn yn arwain heb doriad at y gytgan.	
Cytgan (llinell 11–diwedd y dyfyniad): yn cael ei pherfformio gan yr ensemble llawn, mewn harmoni. Mae ebychiadau byr o'r alaw (cyfalawon) yn y gitâr flaen a'r organ yn ychwanegu elfen ddiddorol. Mae llinell 14 yn ddigyfeiliant ac mewn unsain, gyda drymiau wedi'u hychwanegu ar ddiwedd y frawddeg sy'n arwain at y frawddeg arddull 'lafar' olaf gan yr unawdydd tenor. Mae hyn yn teimlo fel diweddeb amherffaith, gan nad yw'r gerddoriaeth yn teimlo fel petai wedi 'gorffen'.	

Ateb marc isel	Sylwadau
Mae'r darn hwn yn dechrau gyda rhagarweiniad cyn y pennill cyntaf, a daw'r llais i mewn. Mae'r gerddoriaeth yn cynnwys curiadau cyson ym mhob bar ac mewn cywair mwyaf gan ei bod yn swnio'n hapus. Mae person yn canu'r brif alaw, a chôr yn canu yn y cefndir. Mae'r syniad cyntaf yn cael ei ailadrodd, ac weithiau bydd y cantorion yn canu'n ddigyfeiliant. Mae'r gerddoriaeth yn gryf yn bennaf, ac yn cynnwys gitarau a chit drymiau. Mae'n debyg i ddarn arddull roc. Mae'r harmoni'n dda ac yn gweithio'n dda iawn, ac mae'r rhythm yn ddiddorol.	Mae'r ateb yn cynnwys rhai pwyntiau cywir, fydd yn haeddu marciau. Mae nifer o'r elfennau wedi'u trafod, ond nid yw'r ateb yn cynnwys yr esboniad sydd i'w gael yn yr ateb enghreifftiol, ac nid oes cymaint o ddefnydd o derminoleg pwnc-benodol. Er enghraifft, mae'r frawddeg olaf yn rhoi barn yr ymgeisydd, ond mae'r cyfle i ddweud **pam** mae'r harmoni'n 'dda' neu **pam** mae'r rhythm yn 'ddiddorol', wedi'i golli. Bydd mwy o farciau'n cael eu rhoi am ddisgrifio'r cynnwys gwirioneddol – felly ceisiwch weithio allan beth sy'n digwydd yn y gerddoriaeth mewn gwirionedd.

Gweithgaredd 4.1

Atebwch y cwestiwn arddull traethawd canlynol.

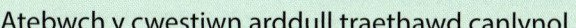 Gwrandewch ar y wefan ar ddyfyniad o ddarn o gerddoriaeth ffilm, agoriad trac sain y ffilm ***Rocky*** gan Bill Conti, o'r dechrau hyd at 1'10". Yn yr arholiad, bydd y darn yn cael ei chwarae dair gwaith.

Cwestiwn: Daw'r dyfyniad hwn o agoriad y ffilm *Rocky*, sef ffilm am focsiwr di-nod o ddosbarth gweithiol Philadelphia, sydd wedi cael ei ddewis i herio pencampwr pwysau trwm y byd yn y cylch bocsio. Esboniwch sut mae'r gerddoriaeth yn briodol fel thema agoriadol y ffilm.

Yn eich ateb dylech gyfeirio at:
- yr elfennau cerddorol
- pwrpas a bwriad y gerddoriaeth. **[9 marc]**

(Dyma gwestiwn lle bydd angen ateb hirach. Os ydych chi am geisio ateb y cwestiwn hwn, bydd angen i chi ddefnyddio dalennau papur ar wahân.)

 Cyngor

Dyfyniad offerynnol yw hwn, felly byddai'n gynllun cyffredinol da i seilio eich sylwadau ar **Ateb enghreifftiol A**, h.y. gwneud sylw ar bob un o'r elfennau yn eu tro:
- adeiledd
- rhythm
- dynameg
- alaw
- harmoni
- gwead.

Cofiwch, gallwch chi hefyd roi sylwadau ar offeryniaeth a chyweiredd.

Y cwestiwn cymharu

Byddwch chi'n clywed dau fersiwn o ddarn o gerddoriaeth. Efallai bydd rhai cwestiynau byr am y dyfyniadau i ddechrau, yna daw'r rhan o'r cwestiwn lle bydd gofyn i chi gymharu'r ddau ddyfyniad. Wrth ddisgrifio Fersiwn 1, bydd angen i chi drafod yr elfennau cerddorol y gallwch eu hadnabod. Wrth ddisgrifio Fersiwn 2, mae angen i chi ganolbwyntio ar y **gwahaniaethau** yn y gerddoriaeth.

 Cyngor

Wrth farcio'r math hwn o gwestiwn, bydd un marc yn cael ei roi am bob sylw cywir, gan ganolbwyntio ar nodi'r 'gwahaniaethau' rhwng y ddau ddarn.

Enghraifft o gwestiwn cymharu

 Gwrandewch ar y wefan ar y ddau fersiwn o **Layla**, cân a gafodd ei pherfformio'n wreiddiol gan Derek and the Dominos. Bydd pob fersiwn yn cael ei chwarae dair gwaith yn yr arholiad:

Fersiwn 1: 'Layla': Derek and the Dominos; gwrandewch o'r dechrau hyd at 0'58".

Fersiwn 2: 'Layla': Eric Clapton – unplugged; gwrandewch o'r dechrau hyd at 1'26".

Cymharwch y ddau fersiwn, gan gyfeirio at gyferbyniadau o ran **offeryniaeth** ac unrhyw **nodweddion diddorol eraill**. Wrth ddisgrifio Fersiwn 2, mae angen i chi ganolbwyntio ar y **gwahaniaethau** yn y gerddoriaeth. **[6 marc]**

Ateb marc uchel		Sylwadau
Fersiwn 1 **Offeryniaeth:** Trefniant grŵp roc, gyda dau gitâr flaen; unawdydd gwrywaidd a lleisiau cefndir yn ymuno yn y gytgan gyda'r gair 'Layla' a llinell olaf y gytgan. Y gitarau sy'n dechrau'r darn ac mae drymiau'n ymuno hanner ffordd drwy'r rhagarweiniad ar ôl tua phedwar bar. **Nodweddion diddorol eraill:** Mae'r darn mewn cywair lleiaf ac mewn amser 4/4. Mae'r rhannau gitâr yn chwarae riffiau ailadroddus yn y rhagarweiniad a'r gytgan, gyda rhai llinellau byrfyfyr yn ystod y pennill. Arddull roc trwm (dynameg forte), gyda chordiau pŵer a morthwylio ar y gitâr, mae'r cwmpas lleisiol yn eithaf cyfyng ac yn ailadrodd y prif syniad.	**Gwahaniaethau yn Fersiwn 2** **Offeryniaeth:** Trefniant acwstig gyda gitarau electro-acwstig, piano ac offerynnau taro yn cynnwys tambwrîn. Mae arddull chwarae'r gitâr yn wahanol – gan gynnwys tynnu tannau unigol a strymio. Mae'r canu'n fwy tyner (dynameg piano), gyda merched yn canu yn y cefndir y tro yma. **Nodweddion diddorol eraill:** Mewn tempo arafach, ac yn fwy o arddull baled. Mae nodau melodig y rîff wedi'u newid, ac mae'r gitâr nawr yn chwarae'n fyrfyfyr yn ystod y rhagarweiniad. Mae cantorion cefndir yn canu mwy yn y gytgan – yn hytrach nag ailadrodd yr enw 'Layla' yn unig, maen nhw'n canu brawddegau hirach mewn harmoni.	Dyma ateb sy'n cynnig llawer o wybodaeth gywir – llawer mwy nag sydd ei angen i ennill marciau llawn am y cwestiwn dan sylw. Mae'r sylwadau ar Fersiwn 2 yn canolbwyntio ar y gwahaniaethau, sef yr hyn y mae'r cwestiwn yn gofyn amdano.

PENNOD 4: CWESTIYNAU ENGHREIFFTIOL

Ateb marc isel		*Sylwadau*
Fersiwn 1 **Offeryniaeth:** Grŵp roc gyda chanwr. Mae rhai llenwadau gan y drwm i'w clywed. **Nodweddion diddorol eraill:** Arddull roc, sy'n boblogaidd. Cân enwog a ysgrifennwyd gan Eric Clapton. Rhagarweiniad eithaf hir sy'n cynnwys ailadrodd.	**Gwahaniaethau yn Fersiwn 2** **Offeryniaeth:** Llai o ddrymio, mwy yn cael ei chwarae ar y piano nag yn Fersiwn 1. **Nodweddion diddorol eraill:** Nid yw'r fersiwn yma'n defnyddio offerynnau trydan, ac mae'r arddull yn fwy trist.	*Mae'n cynnwys rhai pwyntiau dilys, ond nid oes unrhyw fanylion cerddorol penodol. Mae llai o wybodaeth yn cael ei chynnig yma.*

 Cyngor

Ewch drwy'r holl elfennau cerddorol i gael syniadau am yr hyn y gallwch chi ei gynnwys yn eich ateb. Atebwch bob rhan o'r cwestiwn, gan fod yr ateb yn cael ei farcio yn ei gyfanrwydd. Mae hynny'n golygu y bydd barn yn cael ei ffurfio ynghylch eich ateb yn gyffredinol – ni fyddwch chi'n cael marciau am bob pwynt cywir.

 Cofiwch

Nid oes unrhyw farciau'n cael eu rhoi am sylwadau negyddol. Er enghraifft, peidiwch ag ysgrifennu rhywbeth fel, 'Does dim feiolinau yn y darn hwn.'

Cwestiwn enghreifftiol

Gwrandewch ar **Fersiwn 1** a **Fersiwn 2** o '**House of the Rising Sun**'. Yn yr arholiad, bydd pob fersiwn yn cael ei chwarae **ddwywaith**. **[Cyfanswm o 9 marc]**

Fersiwn 1

(a) Mae **dau** o'r gosodiadau canlynol yn gywir. **Ticiwch** y **ddau** osodiad sy'n **gywir** yn eich barn chi. **[2 farc]**

Gosodiad	Ticiwch (os yw'n gywir)
Mae'r gitâr fas yn cyflwyno syniad graddfaol (*scalic*) yn y rhagarweiniad.	
Mae rhan y gitâr flaen yn y rhagarweiniad wedi'i seilio ar batrwm rhythm tripled.	
Mae tambwrîn yn chwarae patrwm hanner cwaferau parhaus yn y pennill.	
Mae'r cordiau yn newid ar bob dau guriad.	

(yn parhau ar dudalen 54)

ADRAN 1 ARFARNU

Fersiwn 2

(b) Nawr gwrandewch ar **Fersiwn 2** o **'House of the Rising Sun'**.
Ticiwch y blwch sy'n rhoi'r enw cywir am arddull y gerddoriaeth yn **Fersiwn 2**. [1 marc]

Jazz ☐   **Asiad** ☐   **Roc** ☐   **Gwerin** ☐

(c) Cymharwch y ddau fersiwn, gan gyfeirio at gyferbyniadau yn yr **offeryniaeth** ac unrhyw **nodweddion eraill o ddiddordeb**. Wrth ddisgrifio **Fersiwn 2**, rhaid i chi ganolbwyntio ar y **gwahaniaethau** yn y gerddoriaeth. [6 marc]

Fersiwn 1	Fersiwn 2
Offeryniaeth:	Offeryniaeth:
Nodweddion diddorol eraill:	Nodweddion diddorol eraill:

Awgrymiadau i'ch helpu i adnabod, esbonio a disgrifio'r defnydd o elfennau cerddorol

ADEILEDD: Allwch chi adnabod unrhyw ailadrodd? Sut mae'r gerddoriaeth wedi'i threfnu? Allwch chi nodi'r ffurf?

DYNAMEG: Ydy'r ddynameg yn gryf (forte) neu'n dawel (piano)? Oes unrhyw gyferbyniadau? Ydy'r gerddoriaeth yn cryfhau (crescendo) neu'n tawelu (diminuendo)?

RHYTHM: Ydy'r gwerthoedd nodau yn syml neu'n gymhleth? Allwch chi glywed unrhyw drawsacennu, rhythmau dotiog neu dripledi?

CYWEIREDD: Ydy'r gerddoriaeth mewn cywair mwyaf neu gywair lleiaf? A yw'n teimlo fel petai'n newid cywair/trawsgyweirio? Ydy'r gerddoriaeth yn foddol?

ALAW: Ydy'r alaw yn gysylltiol neu'n ddigyswllt? A yw'n cynnwys unrhyw batrymau? Brawddegau rheolaidd neu afreolaidd? Unrhyw ddilyniannau, graddfeydd neu arpeggi?

PENNOD 4: CWESTIYNAU ENGHREIFFTIOL

HARMONI:
Ydy'r harmoni'n ddiatonig neu'n anghyseiniol? Allwch chi glywed unrhyw ddiweddebau? Allwch chi adnabod unrhyw gordiau arwyddocaol? Oes unrhyw fath arall o raddfa yma? Graddfa gromatig neu syniadau cromatig?

OFFERYNNAU/LLEISIAU:
Pa fath o offerynnau neu leisiau sy'n cael eu defnyddio a sut? Oes yma unrhyw effeithiau offerynnol neu leisiol y gallwch chi eu nodi? Pa fath o ensembles neu grwpiau sy'n chwarae neu'n canu?

MESUR:
Ydy'r arwydd amser yn guriad syml neu'n guriad cyfansawdd? 2/4, 3/4, 4/4 neu 6/8? Oes ganddo guriad afreolaidd?

TEMPO:
A yw'n gyflymder cyflym (allegro), araf (lento) neu gymedrol (moderato)? Oes unrhyw newidiadau neu gyferbyniadau yn y cyflymder?

GWEAD:
Ydy'r gwead yn fonoffonig, yn homoffonig neu'n bolyffonig? Allwch chi adnabod unrhyw un o'r nodweddion canlynol: unsain, cordiol, haenog, alaw a chyfeiliant, efelychiant, cyfalaw?

Beth yn union yw ystyr y term 'cyd-destun cerddorol'?

Efallai y bydd angen i chi roi sylwadau ynghylch 'pwrpas a bwriad' y gerddoriaeth.	Efallai y bydd angen i chi ystyried yr achlysur y cyfansoddwyd y gerddoriaeth ar ei gyfer, neu'r lleoliad lle gellir ei pherfformio.	Efallai y bydd gofyn i chi roi sylwadau ynghylch cefndir cymdeithasol, hanesyddol neu ddiwylliannol y gerddoriaeth
Ystyriwch y canlynol: • Pam cafodd y gerddoriaeth ei chyfansoddi – a gafodd ei chomisiynu ar gyfer rhywbeth efallai, neu a oedd ei hangen at ddiben arbennig (fel y Nadolig neu'r Pasg), neu ar gyfer ffilm neu ddrama? • Pa fath o awyrgylch neu naws y mae'n rhaid i'r darn ei greu?	Ystyriwch y canlynol: • Pa mor addas yw'r gerddoriaeth ar gyfer yr achlysur (e.e. dathliad, priodas, achlysur trist, cyngerdd y Pasg, gwasanaeth coffa – mae'r rhestr yn ddiddiwedd) • Efallai y bydd gofyn i chi awgrymu lleoliad addas (e.e. eglwys, ysgol, neuadd gyngerdd, gŵyl roc, digwyddiad cymunedol, etc.)	Ystyriwch y canlynol: • Pryd gallai'r darn fod wedi cael ei gyfansoddi (y cyfnod Baróc, Clasurol, Rhamantaidd, modern), a sut mae hyn wedi dylanwadu ar yr arddull • Pam gallai'r darn fod wedi cael ei gyfansoddi – efallai i ddathlu rhywbeth, neu ar gyfer digwyddiad pwysig, fel achlysur yn gysylltiedig â'r tyddin neu achlysur brenhinol

 Awgrym adolygu

Yr unig amser y bydd angen i chi wybod yr union fanylion am ddarn o gerddoriaeth fydd gyda'r darnau wedi'u paratoi. Fel arall, yr unig beth y bydd gofyn i chi ei wneud fydd awgrymu naws, lleoliad neu achlysur, er enghraifft – yn ôl teimlad neu arddull y gerddoriaeth, neu'r hyn y mae'n eich atgoffa chi ohono.

Mae'r marciau sy'n cael eu rhoi am ateb o'r fath yn llawer llai na'r marciau sy'n cael eu rhoi am wybodaeth ynglŷn ag elfennau cerddorol ac iaith gerddorol. Does dim angen poeni.

ADRAN 1 ARFARNU

PENNOD 5: TERMAU CERDDOROL A THEORI

Beth mae angen i mi ei wybod?

Yng nghefn y fanyleb TGAU Cerddoriaeth mae rhestr gyflawn o dermau cerddorol. Mae disgwyl i chi allu deall eu hystyr, eu hadnabod wrth arfarnu, a dangos dealltwriaeth ohonyn nhw wrth berfformio a chyfansoddi. Mae llawer ohonyn nhw i'w gweld ym mhob un o'r meysydd astudio, ond mae rhai yn fwy penodol.

Dylech chi ddefnyddio'r bennod hon fel adran gyfeirio – cronfa o wybodaeth gerddorol angenrheidiol y gallwch chi fynd ati pan fydd angen. Bydd y bennod hon yn help mawr wrth i chi weithio eich ffordd drwy'r cwrs, a hefyd yn adnodd adolygu pwysig cyn yr arholiad.

Alaw (traw)

Nodau cleff y trebl

Nodau cleff y bas

Llinellau estyn yw llinellau byr sy'n cael eu hychwanegu pan fydd y gerddoriaeth yn symud y tu hwnt i gwmpas yr erwydd.

Cyfyngau

Ystyr **cyfwng** yw'r pellter rhwng dau nodyn, h.y. pa mor bell ar wahân y maen nhw.

Ar gyfer yr arholiad hwn, mae angen i chi wybod y cyfyngau canlynol:

> **⭐ Awgrym adolygu**
>
> Pan fydd angen i chi adnabod cyfwng drwy edrych ar sgôr, ystyriwch mai'r nodyn is yw gwreiddyn y raddfa honno. Er enghraifft, os mai D yw'r nodyn isaf – dylech chi weithio allan beth yw'r cyfwng yng nghywair D fwyaf.

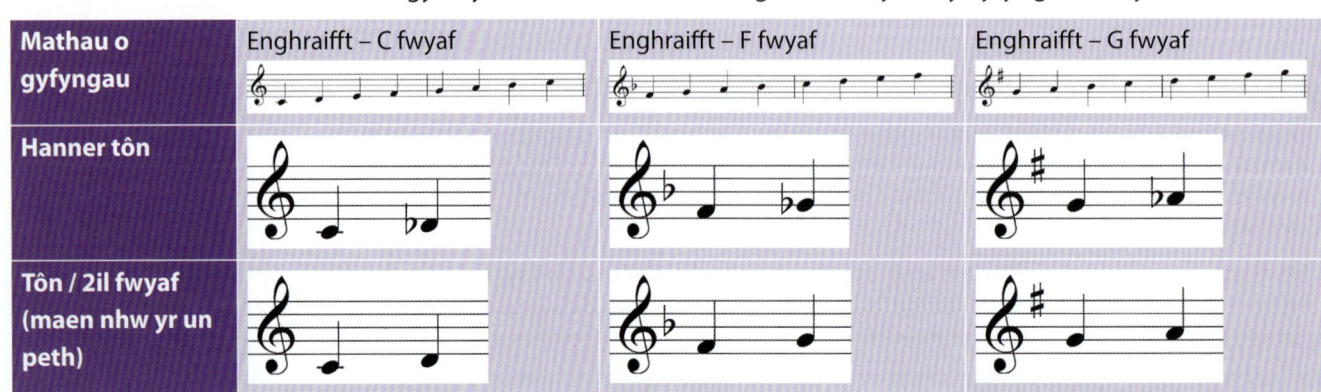

(yn parhau ar dudalen 57)

PENNOD 5: TERMAU CERDDOROL A THEORI

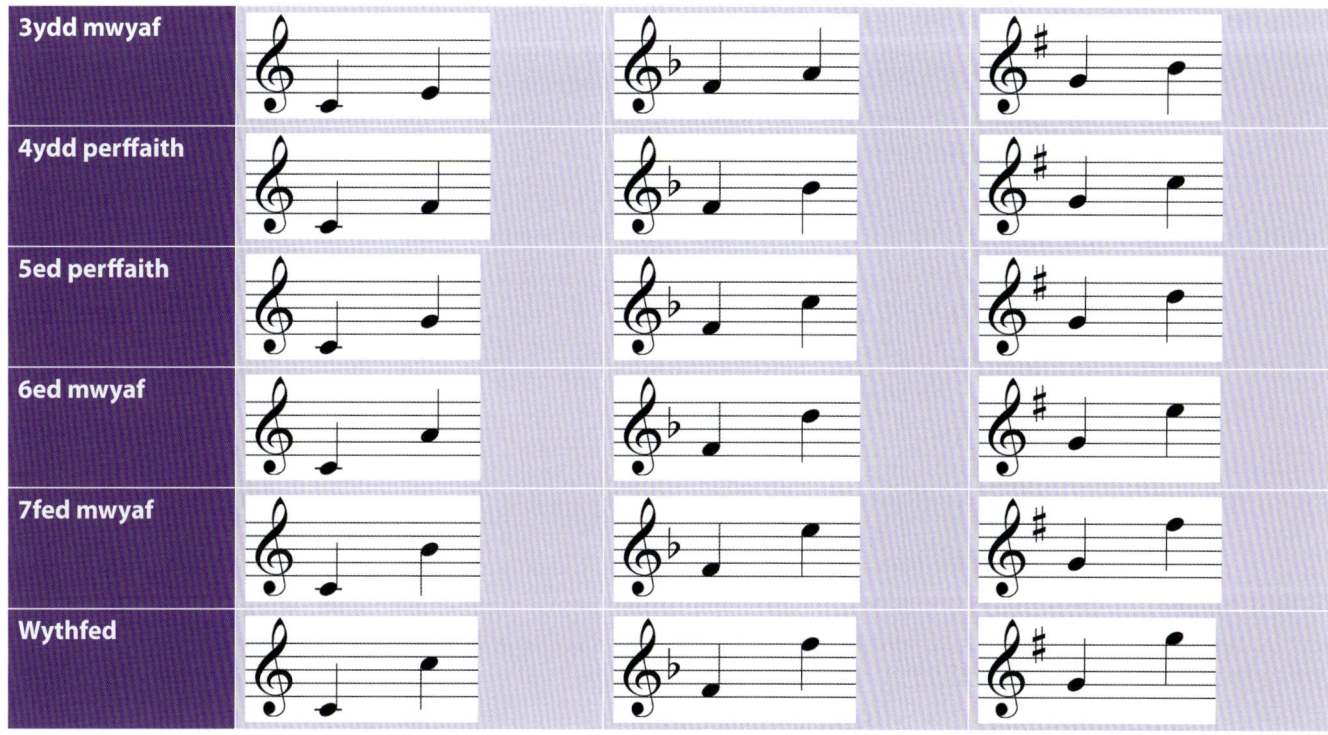

Cleff yr alto

Mae cleff yr alto yn cael ei ddefnyddio gan y fiola mewn cerddoriaeth linynnol, a byddwch chi'n ei weld yn cael ei ddefnyddio yn y dyfyniadau gosod ar gyfer yr astudiaeth wedi'i pharatoi. Mae'n cael ei alw'n **gleff y fiola** weithiau hefyd. Mae pwynt canol y cleff yn dangos lleoliad C ganol. Mae hyn yn gallu bod ychydig yn gymhleth, felly gwnewch yn siŵr eich bod chi'n deall sut i adnabod trawiau'r nodau wrth astudio'r dyfyniadau wedi'u paratoi.

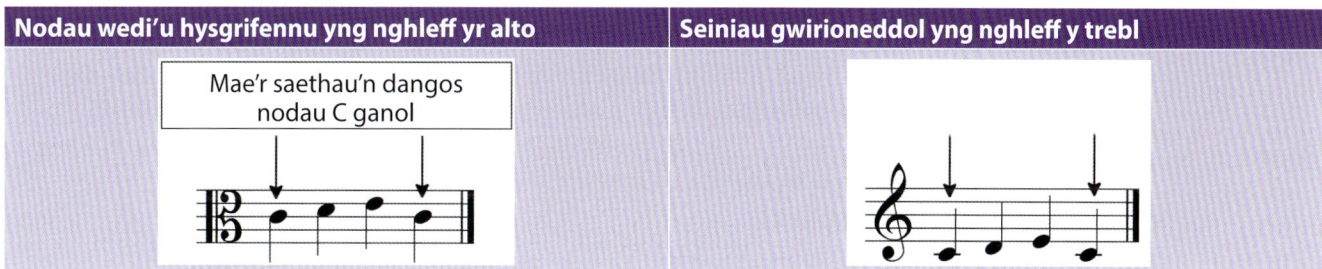

Hapnodau

Arwyddion yn y gerddoriaeth yw'r rhain sy'n dangos bod angen newid traw y nodau.

- # **Llonnod**: Mae'n dweud wrthych fod rhaid codi'r nodyn hanner tôn. Mae'r nodyn yn swnio un cam (hanner tôn) yn uwch.

- ♭ **Meddalnod**: Mae'n dweud wrthych fod rhaid gostwng y nodyn hanner tôn. Mae'r nodyn yn swnio un cam (hanner tôn) yn is.

- ♮ **Naturiol**: Mae'n canslo unrhyw lonnod neu feddalnod a ddefnyddiwyd yng nghynt yn y gerddoriaeth.

ADRAN 1 ARFARNU

Dyma dermau eraill sy'n gysylltiedig ag **alaw**:

Term	Ystyr
Ailadrodd	Pan fydd seiniau, dilyniannau, alawon, rhythmau neu adrannau yn cael eu hailadrodd. **Y GWERSLYFR:** tudalen 24
Anacrwsis (neu guriad i fyny)	Nodyn (neu nodau) sy'n dod cyn y curiad cryf cyntaf mewn darn o gerddoriaeth. Yn Saesneg, '*up-beat*' neu '*pick-up*'. Pan fydd hyn yn digwydd, bydd y curiadau coll yn cael eu cynnwys yn y bar olaf. **Y GWERSLYFR:** tudalen 24 Er enghraifft: Curiad i fyny/anacrwsis – 1 curiad (crosiet) · Bar olaf – 2 guriad (minim)
Brawddeg ateb	Ail frawddeg o gerddoriaeth, sy'n 'ateb' neu'n creu cydbwysedd gyda brawddeg gyntaf y gerddoriaeth.
Cord gwasgar/ arpeggio	Pan fydd nodau cord yn cael eu chwarae ar wahân, un ar ôl y llall, gan esgyn neu ddisgyn. **Y GWERSLYFR:** tudalen 33
Cwmpas	Mae'n cyfeirio at rychwant y traw ar offeryn neu mewn darn o gerddoriaeth, o'r nodyn isaf i fyny at y nodyn uchaf.
Cyfalaw	Alaw ychwanegol yw hon sy'n cael ei chwarae yr un pryd â'r brif thema. **Y GWERSLYFR:** tudalen 68
Cyferbyniad	Pan fydd gwahaniaeth yn y gerddoriaeth (e.e. cyferbyniad melodig, cyferbyniad rhythmig, cyferbyniad harmonig).
Cysylltiol	Symudiad fesul cam mewn llinell felodig, h.y. ar ffurf graddfa. **Y GWERSLYFR:** tudalen 31
Digyswllt	Symudiad cerddorol onglog sy'n neidio o un nodyn i'r llall neu sy'n cynnwys cyfyngau. **Y GWERSLYFR:** tudalen 32
Dilyniant	Ailadrodd brawddeg felodig neu harmonig yn yr un rhan, ond ar draw uwch neu is.
Efelychiant	Dyfais wrthbwyntiol, pan fydd syniad melodig (sydd eisoes wedi'i chwarae mewn un rhan) yn cael ei gopïo mewn rhan arall, tra bo'r alaw gyntaf yn parhau. Mae'n bosibl mai dim ond ychydig o nodau cyntaf y syniad gwreiddiol fydd yn cael eu defnyddio. **Y GWERSLYFR:** tudalen 25
Ffanffer	Mae'n cael ei chwarae ar offerynnau pres fel arfer, ac yn alwad uchel i gael sylw, fel petai'n gwneud cyhoeddiad. Fel arfer, mae ffanffer yn cael ei ffurfio ar sail arpeggio. **Y GWERSLYFR:** tudalen 135
Graddfaol	Pan fydd y llinell gerddorol yn symud fesul cam, fel graddfa (h.y. symudiad cysylltiol).
Leitmotiv	Syniad cerddorol sy'n gysylltiedig â pherson, lle, gwrthrych, teimlad neu syniad. **Y GWERSLYFR:** tudalennau 143–149
Microtôn	Cyfwng sy'n llai na hanner tôn.
Motiff	Syniad cerddorol byr sy'n felodig neu'n rhythmig. **Y GWERSLYFR:** tudalen 35
Nodau blue	Y nodau sy'n cael eu meddalu mewn graddfa blues.
Pentatonig	Graddfa pum nodyn sy'n cael ei defnyddio'n aml mewn cerddoriaeth werin ac sydd i'w gweld mewn cerddoriaeth ym mhob rhan o'r byd.
Rhagdrawiad	Pan fydd nodyn o'r cord nesaf yn cael ei chwarae'n gynnar, gan baratoi ar gyfer y traw sydd i ddod.
Symudiad cromatig	Pan mae'r symudiad melodig fesul hanner tôn, fel rhan o'r raddfa gromatig.
Traw isel	Y nodau sy'n seinio isaf, h.y. nodau wedi'u hysgrifennu ar erwydd neu oddi tano gan ddefnyddio cleff y bas.

(yn parhau ar dudalen 59)

PENNOD 5: TERMAU CERDDOROL A THEORI

Term	Ystyr
Traw uchel	Y nodau sy'n seinio uchaf, h.y. nodau wedi'u hysgrifennu ar erwydd neu uwch ei ben gan ddefnyddio cleff y trebl.
Triadol	Symudiad cerddorol sy'n defnyddio nodau triad.
Tril/addurn	Addurno'r gerddoriaeth; mae'n aml yn gwneud i'r gerddoriaeth swnio'n fwy 'ffyslyd'. Mae triliau, mordentau a throadau yn enghreifftiau poblogaidd o addurniadau.
Thematig	Y deunydd thematig yw'r prif syniad cerddorol – yr alaw bwysig mewn darn o gerddoriaeth.

Rhythm

Gwerthoedd nodau

Mae'r ffordd y mae gwahanol nodau wedi'u hysgrifennu ar y sgôr yn dweud pa mor hir neu pa mor fyr ydyn nhw, h.y. pa mor hir y mae angen eu canu neu eu chwarae. Mae tawnodau o'r un gwerth i gyd-fynd â'r nodau, sy'n dangos pa mor hir y mae angen bod yn dawel.

Enw'r nodyn	Symbol y nodyn a symbol y tawnod	Gwerth y nodyn
Crosiet		1 curiad crosiet
Minim		2 guriad crosiet
Cwafer		½ curiad crosiet
Hanner brif		4 curiad crosiet
Hanner cwafer		¼ curiad crosiet

Arwyddion amser a mesur

Mae'r arwydd amser mewn cerddoriaeth yn cyfeirio at y rhifau sydd i'w cael ar ddechrau'r gerddoriaeth, sy'n dweud wrthych sawl curiad sydd ym mhob bar. Ar gyfer yr arholiad hwn, mae angen i chi wybod 2/4, 3/4, 4/4 (sef **amser syml**) a 6/8 (sef **amser cyfansawdd**).

Amser syml	Amser cyfansawdd
Crosiet yw'r prif guriad.	Crosiet dot yw'r prif guriad.
2/4 = 2 guriad crosiet ym mhob bar (deublyg syml)	6/8 = 2 guriad crosiet dot ym mhob bar (deublyg cyfansawdd)
3/4 = 3 churiad crosiet ym mhob bar (triplyg syml)	9/8 = 3 churiad crosiet dot ym mhob bar (triplyg cyfansawdd)
4/4 = 4 curiad crosiet ym mhob bar (pedwarplyg syml)	12/8 = 4 curiad crosiet dot ym mhob bar (pedwarplyg cyfansawdd)

ADRAN 1 ARFARNU

Dyma dermau eraill sy'n gysylltiedig â rhythm/mesur:

Term	Ystyr
Ar y curiad	Pan fydd y nodau sy'n cael eu pwysleisio ar y curiadau cryf, e.e. curiad cyntaf pob bar.
Mesur afreolaidd	Pan fydd patrwm y curiadau yn fwy afreolaidd, ac o bosibl yn cynnwys dau arwydd amser (e.e. amser 5/4 sy'n cynnwys 3 + 2 guriad, bob yn ail, neu amser 7/8 sy'n cynnwys dau guriad crosiet + un curiad crosiet dot, mewn unrhyw drefn).
Mesur rheolaidd	Patrwm rheolaidd o guriadau, fel mae'r arwydd amser yn ei ddangos.
Nodau clwm	Dau nodyn o'r un traw, wedi'u clymu â llinell grom fer o'r enw clwm. Er enghraifft: — Mae nodyn C wedi'i 'glymu'. Mae'n rhaid dal y nodyn cyntaf am werth yr ail nodyn hefyd. Nid yw'r ail nodyn fod i gael ei chwarae fel nodyn ar wahân.
Nodau dotiog	Mae dot ar ôl nodyn yn ychwanegu hanner gwerth y nodyn eto. Er enghraifft: 3 = 2 + 1 1½ = 1 + ½
Rhythmau dawns	Patrymau rhythmig nodweddiadol sy'n gysylltiedig ag unrhyw ddawns (e.e. walts, tango, swing, etc.) neu rythmau ailadroddus a phatrymau wedi'u rhagosod ar offerynnau taro sydd yn cael eu cysylltu ag arddulliau cerddoriaeth ddawns electronig (e.e. house, asid, tecno, drymiau a bas, etc.)
Rhythmau roc	Riffiau/rhythmau nodweddiadol a phatrymau rhythmig sy'n cael eu cysylltu â cherddoriaeth 'roc'.
Rhythmau swing	Pan fydd parau o gwaferau'n cael eu chwarae'n anghyfartal, mewn patrwm hir–byr, sy'n atgoffa rhywun o rythmau tripledi. Mae rhythmau swing i'w cael yn y rhan fwyaf o fathau o jazz – ond nid ym mhob math. Mae'r term 'Swing' yn enw hefyd ar fath o jazz Band Mawr a oedd yn boblogaidd dros ben yn yr 1930au a'r 1940au.
Rhythmau sy'n gyrru	Rhythmau egnïol di-baid, sy'n symud y gerddoriaeth ymlaen – yn ei 'gyrru' ymlaen.
Trawsacennu/oddi ar y curiad	Bydd hyn yn digwydd pan fydd yr acenion cryf mewn bar yn symud. Er enghraifft, pan fydd: • yr acen ar guriad sydd fel arfer yn wan **Y GWERSLYFR: tudalen 27** • tawnod ar y curiad cryf • curiad gwan yn cael ei 'ddal' neu'n 'glwm' dros guriad cryf • rhan o guriad gwan yn cael ei dal at guriad cryfach. Effaith rythmig yw 'trawsacennu', lle mae'r nodau'n cael eu gosod oddi ar y curiad, e.e. ar ail hanner curiad crosiet.
Tripled	Dyfais rythmig lle bydd tri nodyn o'r un gwerth yn cael eu chwarae mewn amser dau. Er enghraifft:

Cyweiredd

Arwyddion cywair mwyaf a lleiaf (hyd at bedwar llonnod a phedwar meddalnod)

Mae gan bob cywair mwyaf, gywair perthynol lleiaf sy'n rhannu'r un arwydd cywair.

Cyweiriau mwyaf	Cyweiriau lleiaf	Cyweiriau mwyaf		Cyweiriau lleiaf
C fwyaf – dim llonnodau na meddalnodau	A leiaf			
Cyweiriau llonnod			**Cyweiriau meddalnod**	
G fwyaf	1#	E leiaf	F fwyaf	1♭	D leiaf
D fwyaf	2#	B leiaf	B♭ fwyaf	2♭	G leiaf
A fwyaf	3#	F# leiaf	E♭ fwyaf	3♭	C leiaf
E fwyaf	4#	C# leiaf	A♭ fwyaf	4♭	F leiaf

Dyma nhw wedi'u hysgrifennu.

Cywair	Graddfa
Mae seiniau **MWYAF** yn hapus neu'n ddisglair.	

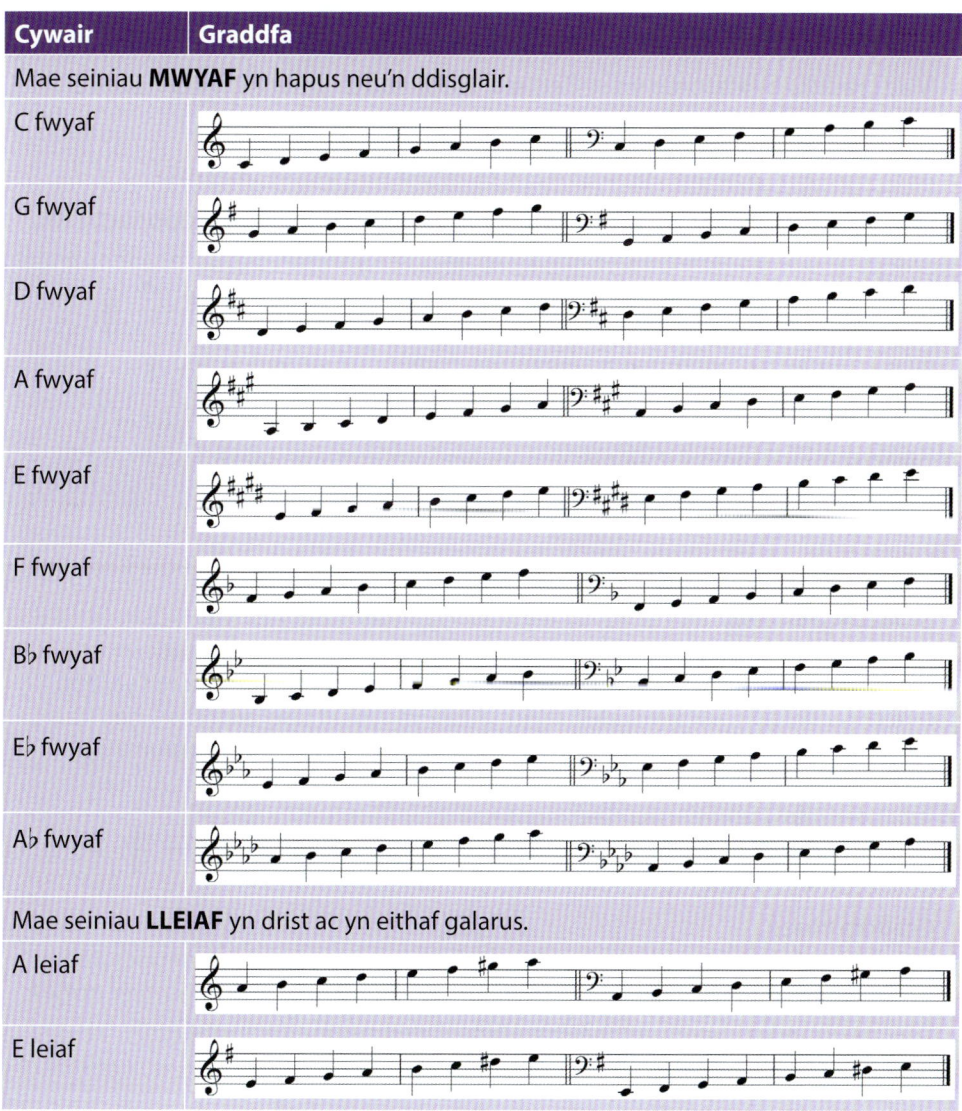

Mae seiniau **LLEIAF** yn drist ac yn eithaf galarus.

(yn parhau ar dudalen 62)

ADRAN 1 ARFARNU

Cofiwch

Mae'r graddfeydd lleiaf hyn yn y ffurf harmonig. Mae'r graddfeydd lleiaf melodig dipyn yn fwy cymhleth gan fod rhai o'r nodau yn wahanol wrth esgyn a disgyn.

Cywair	Graddfa
B leiaf	
F# leiaf	
C# leiaf	
D leiaf	
G leiaf	
C leiaf	
F leiaf	

Cofiwch

Mae'r raddfa bentatonig fwyaf ar G yn defnyddio nodau 1, 2, 3, 5 a 6 o raddfa G fwyaf.

Mae'r raddfa bentatonig leiaf ar G yn defnyddio nodau 1, 3, 4, 5 a 7 o'r raddfa naturiol yn G leiaf.

Graddfa bentatonig

- Mae'r raddfa bentatonig yn seiliedig ar bum nodyn yn unig, fel sy'n cael ei ddangos yn yr enghreifftiau isod.
- Mae dau fath: graddfa bentatonig fwyaf a graddfa bentatonig leiaf.
- Maen nhw i'w gweld yn aml mewn cerddoriaeth werin neu gerddoriaeth roc.

G A B D E

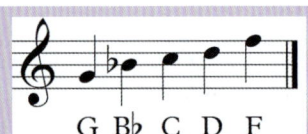

G B♭ C D F

Mae'r **raddfa bentatonig fwyaf ar G** yn defnyddio nodau 1, 2, 3, 5 a 6 o raddfa fwyaf.

Mae'r **raddfa bentatonig leiaf ar G** yn defnyddio nodau 1, 3, 4, 5 a 7 o'r raddfa leiaf naturiol.

Cyngor

Graddfa gromatig

Mae'r raddfa gromatig yn seiliedig ar bob un o'r 12 hanner tôn, o un nodyn i'r nodyn sydd wythfed yn uwch neu'n is, e.e. o C i C, neu o G i G. Cyfwng hanner tôn yw pob cam o'r raddfa hon – ar allweddell, mae'r raddfa yn symud fesul cam i fyny neu i lawr, gan ddefnyddio pob nodyn du a gwyn ar yr allweddell. Dyma'r raddfa gromatig (esgynnol), yn dechrau ar C:

Graddfa blues

Mae hyn yr un fath â'r raddfa bentatonig leiaf ond gyda nodyn ychwanegol: y 5ed gyda meddalnod. Pan fydd graddfa blues yn cael ei pherfformio dros gordiau mwyaf, e.e. yn y Blues, mae'r 3ydd lleiaf, y 5ed gyda meddalnod a'r 7fed lleiaf yn cael eu galw'n nodau blue. Dyma raddfa'r blues yn C:

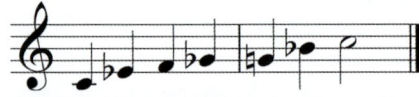

PENNOD 5: TERMAU CERDDOROL A THEORI

Moddol

Wrth gyfeirio at gerddoriaeth heddiw, mae'r term 'moddol' yn cyfeirio at y 'moddau' a esblygodd o'r hen amser. Math o raddfa yw modd, set o nodau. Mae saith prif gategori sy'n rhan bwysig o nodiant cerddorol ers yr Oesoedd Canol. Mae moddau'n dilyn patrymau gwahanol o donau a hanner tonau – ac mae enwau gwahanol ar bob un. Mae moddau mwyaf, moddau lleiaf a moddau sy'n fwy amwys. Roedd moddau yn cael eu defnyddio'n aml mewn cerddoriaeth eglwysig, ac maen nhw hefyd i'w cael mewn cerddoriaeth werin, blues a jazz.

Mae rhai cyfansoddwyr yn defnyddio darnau moddol yn eu gweithiau. Ar gyfer TGAU Cerddoriaeth, does dim angen i chi wybod pob un o'r mathau gwahanol o foddau, ond efallai bydd disgwyl i chi adnabod bod darn o gerddoriaeth yn un moddol.

Newid cywair

TRAWSGYWEIRIO yw enw'r broses o newid cywair mewn darn o gerddoriaeth. Yr enw ar y cywair ar ddechrau (a diwedd) darn o gerddoriaeth yw'r **CYWAIR GWREIDDIOL**. Weithiau bydd y gerddoriaeth yn pasio drwy gywair arall cysylltiedig am ychydig – pan fydd hyn yn digwydd, byddwn ni'n dweud bod y gerddoriaeth wedi trawsgyweirio. Mae hyn yn creu naws wahanol i'r gerddoriaeth (sydd weithiau'n anodd i'w adnabod), ond sy'n cael ei nodi yn y gerddoriaeth gan hapnodau (meddalnodau, llonnodau a nodau naturiol) sy'n amlwg ddim yn perthyn i'r cywair gwreiddiol. Weithiau, bydd hapnodau yn cael eu defnyddio fel addurn yn unig; fodd bynnag, yn yr achos hwn maen nhw'n rhan weithredol o'r harmoni. Mewn TGAU Cerddoriaeth efallai y bydd gofyn i chi nodi a yw'r gerddoriaeth wedi trawsgyweirio i gywair perthynol, fel y llywydd neu'r cywair perthynol lleiaf.

Er enghraifft:

CYWAIR GWREIDDIOL – C fwyaf yn trawsgyweirio i ⇨ G fwyaf (y llywydd)

neu ⇨ A leiaf (y cywair perthynol lleiaf)

Harmoni

Mae harmoni yn cael ei greu drwy gordiau mewn cerddoriaeth. Bydd cord yn cael ei greu pan fydd dau neu fwy o nodau yn cael eu chwarae gyda'i gilydd. Os yw'r nodau hyn yn swnio'n dda, byddwn ni'n disgrifio'r harmoni fel harmoni **CYSEINIOL**. Os yw'r nodau yn swnio'n gras, neu'n creu tensiwn wrth eu chwarae gyda'i gilydd, byddwn ni'n disgrifio'r harmoni fel harmoni **ANGHYSEINIOL**.

> **Cofiwch**
> Cerddoriaeth sy'n seiliedig ar y system graddfeydd mwyaf a lleiaf yw cerddoriaeth **ddiatonig**.

Harmoni diatonig

Mae hyn yn digwydd pan fydd TRIADAU yn cael eu hadeiladu ar bob nodyn o'r raddfa.

Triad yw cord sydd wedi'i adeiladu o dri nodyn. Er enghraifft, dyma'r triadau sy'n cael eu hadeiladu ar nodau graddfa C fwyaf:

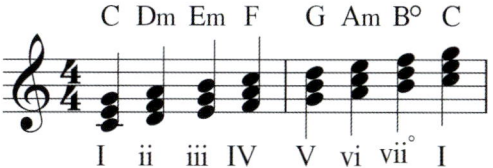

> **Cofiwch**
> Mae harmoni cromatig yn llawer mwy cymhleth ac yn cynnwys hapnodau sydd ddim yn perthyn i'r cywair gwreiddiol.

ADRAN 1 ARFARNU

Cyngor

Mae cord 7fed y llywydd yn cael ei ffurfio yn C fwyaf pan fydd nodyn ychwanegol yn cael ei ychwanegu at gord V (G ⇒ G7). Mae cord V⁷ yn gyffredin iawn, yn enwedig ar bwyntiau diweddeb, e.e. Mae V⁷ ⇒ I (diweddeb berffaith) yn ddiweddglo cryf i ddarn o gerddoriaeth. Os ydych chi'n gallu adnabod a defnyddio'r cord hwn yn gywir, efallai y bydd hynny'n gwella eich gradd.

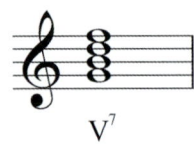

Mae **cordiau I, IV a V** yn driadau mwyaf ac yn cael eu galw'n **gordiau sylfaen**.
☺ Mae'r rhain yn swnio'n ddisglair ac yn llawen.
Mae **cordiau ii, iii a vi** yn driadau lleiaf ac yn cael eu galw'n **gordiau eilaidd**.
☹ Mae'r rhain yn swnio'n drist.
Mae **cord vii°** yn gord cywasg. Mae hefyd yn cael ei adnabod fel cord eilaidd, ond mae'n swnio ychydig yn wahanol i gord mwyaf neu gord lleiaf; mae'n swnio fel petai heb ei orffen – fel petai angen iddo symud ymlaen i gord arall.

Diweddebau

Dilyniad arbennig o ddau gord mewn cerddoriaeth yw diweddeb ac mae angen i chi wybod am bedair diweddeb ar gyfer yr arholiad hwn. Bydd angen i chi adnabod eu sain wrth arfarnu, a phryd (a ble) y byddan nhw'n digwydd yn y dyfyniadau wedi'u paratoi a osodwyd ar gyfer astudiaeth fanwl. Os byddwch chi'n gallu eu defnyddio'n gywir wrth gyfansoddi, bydd hyn yn gwella safon eich gwaith.

Math o ddiweddeb (F fwyaf)	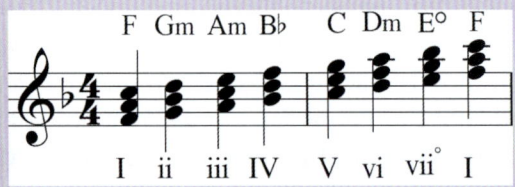
DIWEDDEB BERFFAITH 	Yn defnyddio cordiau V ⇒ I (llywydd ⇒ tonydd / C ⇒ F) Mae'r ddiweddeb hon yn swnio'n gyflawn ac yn orffenedig. Mae'n diweddu ar gord y tonydd bob tro.
DIWEDDEB AMHERFFAITH 	Yn glanio ar gord V (cord y llywydd), e.e. I ⇒ V (F ⇒ C) ii ⇒ V (Gm ⇒ C) IV ⇒ V (B♭ ⇒ C) vi ⇒ V (Dm ⇒ C) Mae'r ddiweddeb hon yn swnio'n anghyflawn ac fel petai heb ei gorffen. Cord V y cywair yw ail gord y ddiweddeb bob tro, h.y. cord y llywydd, sy'n gord mwyaf. Gall y cord o'i flaen fod yn gord mwyaf neu'n gord lleiaf.
DIWEDDEB AMEN/ EGLWYSIG 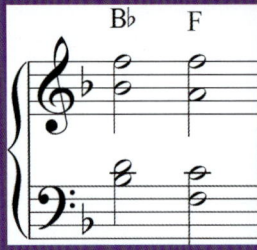	Yn defnyddio cordiau IV ⇒ I (islywydd ⇒ tonydd / B♭ ⇒ F) Mae'r ddiweddeb hon yn swnio'n gyflawn ac yn orffenedig. Mae'n diweddu ar gord y tonydd bob tro. Nid yw'n ddilyniad mor gryf â'r ddiweddeb berffaith ac mae'n cael ei galw'n ddiweddeb 'Amen' weithiau am ei bod yn aml i'w gweld ar ddiwedd emyn.

PENNOD 5: TERMAU CERDDOROL A THEORI

DIWEDDEB ANNISGWYL 	Yn defnyddio cordiau V ⇒ vi (llywydd ⇒ isfeidon / C ⇒ Dm). Mae'r ddiweddeb hon yn swnio'n anghyflawn ac fel petai heb ei gorffen. Mewn cywair mwyaf, mae'n cynnwys cord mwyaf sy'n symud i gord lleiaf. Bydd weithiau'n cael ei galw'n ddiweddeb 'syrpreis' gan fod y gwrandäwr yn disgwyl bod cord y llywydd yn adfer i gord y tonydd. Ond nid yw'n gwneud hynny, ac mae'n stopio ar gord isfeidon y cywair. (Mewn cywair mwyaf, cord lleiaf fydd y cord hwn – cord vi; mae'r enghraifft yn dangos cord D leiaf yn F fwyaf, sef cord vi yn F fwyaf. Pan fydd y cywair gwreiddiol yn gywair lleiaf, gallai cord yr isfeidon fod yn gord mwyaf neu'n gord lleiaf.)

Safleoedd cordiau

Cordiau safle gwreiddiol
Mae cord neu driad yn y safle gwreiddiol pan fydd gwreiddyn y cord yn seinio ar bwynt isaf y cord.

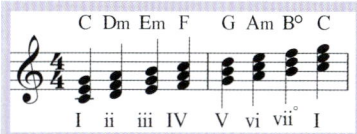 Yng nghywair C fwyaf, mae'r holl driadau hyn yn y safle gwreiddiol.

Gwrthdroeon
Mae cordiau a thriadau gwrthdro i'w gweld pan fydd nodau eraill y cord (heblaw am y gwreiddyn) yn cael eu clywed ar waelod y cord yn safle'r traw isaf ei sain.

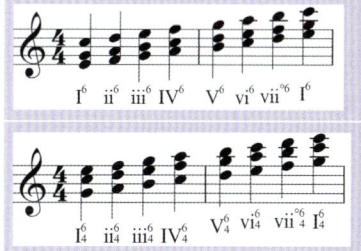

Yng nghywair C fwyaf, mae'r holl driadau hyn yn driadau gwrthdro cyntaf (h.y. mae 3ydd y cord yn y bas).

Yng nghywair C fwyaf, mae'r holl driadau yn driadau ail wrthdro (mae 5ed y cord yn y bas).

Cofiwch

Mae'r ffigur 6 bach ar ôl y cord yn dangos ei fod yn gord gwrthdro cyntaf. Mae'n ffordd gryno o ysgrifennu'r ffigurau 6/3 (h.y. gwrthdro cyntaf).

Mae'r ffigurau 6/4 ar ôl y cord yn dangos ei fod yn gord ail wrthdro.

Rhai termau eraill sy'n gysylltiedig â harmoni

Cordiau pŵer	Cord sy'n defnyddio'r gwreiddyn a'r 5ed (h.y. dim 3ydd). Yn cael ei ddefnyddio gan chwaraewyr gitâr roc. Y GWERSLYFR: tudalennau 179–180
Dilyniant cordiau	Cyfres o gordiau sy'n dilyn ei gilydd – hefyd yn cael ei alw'n **ddilyniad harmonig**. Mewn darn o gerddoriaeth, bydd cordiau weithiau'n newid yn gyflym, efallai ar bob curiad; ar adegau eraill, gall y cordiau bara'n hirach, a pharhau dros nifer o guriadau neu farrau. Mae pa mor gyflym mae'r cordiau hyn yn newid yn cael ei alw'n **rhythm harmonig**.
Drôn	Dyfais harmonig syml lle bydd un neu fwy o nodau yn cael eu dal neu eu hailadrodd drwy gydol darn estynedig o gerddoriaeth.
Pedal (nodyn pedal)	Dyfais harmonig lle bydd yr un nodyn yn cael ei gynnal neu ei ailadrodd, gyda'r cordiau'n newid uwchben (neu o dan) y nodyn pedal. Y GWERSLYFR: tudalen 29
Rhythm harmonig	Pa mor gyflym y mae'r harmoni'n newid (h.y. pob curiad, pob dau guriad, pob bar).

★ Awgrym adolygu

Yn y dyfyniadau wedi'u paratoi ar gyfer astudiaeth ddadansoddol, mae'n rhaid i chi wybod a deall:

- cywair gwreiddiol y darnau
- yr holl newidiadau cywair (h.y. trawsgyweiriadau)
- yr holl gordiau a'u safleoedd/gwrthdroeon
- ble mae'r holl ddiweddebau'n digwydd
- beth yw'r diweddebau.

ADRAN 1 ARFARNU

Ffurf ac adeiledd

Term	Ystyr
8 bar canol	Adran o gerddoriaeth, fel arfer (ond nid bob amser) yn wyth bar o hyd, yng nghanol cân sy'n rhoi amrywiaeth, e.e. dilyniad cordiau gwahanol. **Y GWERSLYFR: tudalen 168**
Blues 12-bar	Dilyniad cordiau 12-bar penodol, yn seiliedig ar gordiau I, IV a V. Sylfaen yr holl gerddoriaeth blues, a llawer o jazz a roc. Mae perfformiadau o gerddoriaeth blues yn stroffig bron bob amser. **Y GWERSLYFR: tudalennau 172–173**
Brawddegu – afreolaidd	Pan fydd yr alaw yn cael ei rhannu'n frawddegau sydd ddim yn gytbwys o ran cymesuredd.
Brawddegu – rheolaidd	Pan fydd yr alaw yn cael ei rhannu'n frawddegau byrrach, cymesur ac wedi'u cydbwyso'n dda. **Y GWERSLYFR: tudalen 34**
Coda	Yr adran olaf mewn symudiad neu ddarn o gerddoriaeth.
Cytgan	Adran mewn cân sydd â'r un geiriau a'r un gerddoriaeth bob tro mae'n cael ei chlywed. **Y GWERSLYFR: tudalen 96**
Chwarae'n fyrfyfyr	Cerddoriaeth sy'n cael ei chreu yn y fan a'r lle gan y perfformiwr. **Y GWERSLYFR: tudalen 200**
Diweddglo	Adran derfynol cân neu ddarn o gerddoriaeth, h.y. yr adran 'olaf' (yr un peth â coda). Caiff ei ddefnyddio mewn cerddoriaeth boblogaidd/roc yn unig. **Y GWERSLYFR: tudalen 168**
Dolen	Pan fydd syniad cerddorol yn cael ei ddolennu, h.y. yn cael ei ailadrodd yn ddiddiwedd. **Y GWERSLYFR: tudalen 166**
Ffurf cân 32-bar	A A B A (gyda phob adran yn wyth bar o hyd). **Y GWERSLYFR: tudalennau 169–170**
Ffurf deiran	Adeiledd tair rhan, h.y. A B A (gallai'r adran olaf fod yn ailadroddiad union, neu'n ailadroddiad gydag amrywiadau, o'r adran gyntaf). **Y GWERSLYFR: tudalen 17**
Ffurf ddwyran	Adeiledd dwy ran, h.y. A B (dwy adran gysylltiedig, a gall y ddwy gael eu hailadrodd). **Y GWERSLYFR: tudalen 16**
Ffurf rondo	Adran A sy'n ailadrodd (A) gydag 'atganau' bob yn ail, h.y. A B A C A. **Y GWERSLYFR: tudalennau 19–20**
Galw ac ateb	Syniad cerddorol byr (y galw) wedi'i ddilyn gan frawddeg ateb (yr ateb). **Y GWERSLYFR: tudalennau 92–93**
Llenwad	Pan fydd drymiwr yn symud i ffwrdd o batrwm rheolaidd, ac yn chwarae patrwm byr, sy'n fyrfyfyr yn aml, ar ddrymiau amrywiol, gan orffen gyda'r symbalau yn gwrthdaro. Mae'n aml yn digwydd ar ddiwedd brawddegau neu adrannau cân.
Miniwét a thrio	3ydd symudiad symffoni neu sonata yn aml. Mae'r miniwét a'r trio ar ffurf ddwyran, ac mae'r ddwy yn cael eu hailadrodd, cyn i'r miniwét ddychwelyd am y tro olaf, gan greu ffurf deiran ar y cyfan, h.y. A A B B A A. **Y GWERSLYFR: tudalennau 18–19**
Ostinato	Ffigur neu frawddeg sy'n ailadrodd yn barhaus (ailadrodd yn ddi-baid). **Y GWERSLYFR: tudalen 27**
Pennill	Adran o gân sy'n cynnwys yr un gerddoriaeth pan mae'n cael ei hailadrodd, ond gyda geiriau gwahanol bob tro.
Pont	Adran o gerddoriaeth mewn cân, sy'n cysylltu dwy adran arall. Mae'n bosibl defnyddio'r term 'pont' yn lle naill ai cyn-gytgan neu 8 canol. **Y GWERSLYFR: tudalen 168**
Riff	Syniad neu batrwm byr, cofiadwy mewn cerddoriaeth jazz, roc neu bop; mae'r syniad yn cael ei ailadrodd yn aml yn y gerddoriaeth. **Y GWERSLYFR: tudalennau 93, 148**
Rhagarweiniad	Adran agoriadol mewn cân neu ddarn o gerddoriaeth sydd weithiau'n cynnwys prif syniadau'r darn.
Stroffig	Mae gan yr adeiledd hwn benillion sydd yr un peth yn gerddorol bob tro. Dim ond y geiriau sy'n newid. **Y GWERSLYFR: tudalen 21**

(yn parhau ar dudalen 67)

PENNOD 5: TERMAU CERDDOROL A THEORI

Term	Ystyr
Toriad	Eiliad fer (e.e. 1–2 bar) mewn blues, jazz neu roc/pop, lle mae pawb yn stopio chwarae heblaw am unawdydd, sy'n dal ati, gan chwarae'n fyrfyfyr yn aml. **Y GWERSLYFR: tudalen 96**
Thema ac amrywiadau	Alaw yw'r thema (naill ai alaw wreiddiol neu wedi'i benthyg) a bydd nifer o amrywiadau'n cael eu creu – weithiau wedi'u haddurno'n syml, weithiau'n fwy cymhleth. **Y GWERSLYFR: tudalennau 20–21**

Gwead

Term	Ystyr
Alaw a chyfeiliant	Pan mai'r alaw neu'r thema yw'r brif nodwedd, a'r rhannau eraill sy'n cynnal yr alaw, h.y. yn 'cyfeilio' i'r alaw. **Y GWERSLYFR: tudalennau 66–67**
Bas Alberti	Math o ffigur yn y cyfeiliant sy'n defnyddio cordiau gwasgar yn y patrwm 1-5-3-5 (tonydd-llywydd-meidon-llywydd). **Y GWERSLYFR: tudalen 34**
Bas sy'n cerdded	Math o ran bas gydag un nodyn i bob curiad, yn aml yn amlinellu cord, neu'n symud fesul cam. Mae'n gyffredin iawn mewn jazz. **Y GWERSLYFR: tudalen 96**
Canon	Dyfais gyfansoddi lle bydd alaw mewn un rhan yn cael ei hailadrodd yn union wedyn mewn rhan arall, gyda rhywfaint o orgyffwrdd fel arfer. **Y GWERSLYFR: tudalen 67**
Cordiau ergyd	Cordiau staccato (byr) sy'n ychwanegu effaith ddramatig at ddarn o gerddoriaeth. Maen nhw fel arfer yn para am un curiad ac yn cael eu chwarae gan gyrn/offerynnau pres. I'w gweld mewn gwahanol fathau o gerddoriaeth, e.e. jazz a roc. **Y GWERSLYFR: tudalen 153**
Cordiol	Pan fydd yr harmoni yn y cyfeiliant yn symud mewn cordiau bloc homorythmig. **Y GWERSLYFR: tudalennau 64–65**
Cyfalaw	Alaw newydd, wedi'i chyfuno ag alaw sydd wedi'i chlywed yn flaenorol. **Y GWERSLYFR: tudalen 68**
Desgant	Alaw felodig addurnol, sydd yn uwch ei thraw na'r brif alaw mewn darn o gerddoriaeth leisiol, e.e. mewn emyn, carol Nadolig neu ddarn lleisiol tebyg.
Drôn	Nodyn (nodau) sy'n cael ei ailadrodd neu ei ddal yn barhaus. Mae drôn dau nodyn fel arfer yn cynnwys nodau'r tonydd a'r llywydd (mae'n cael ei gysylltu'n aml â cherddoriaeth werin). **Y GWERSLYFR: tudalen 29**
Efelychiant	Bydd hyn yn digwydd pan fydd y syniad melodig sy'n cael ei gyflwyno mewn un rhan, yn cael ei ddatgan yn syth wedyn mewn rhan arall, h.y. pan fydd un rhan yn 'copïo' rhan arall. **Y GWERSLYFR: tudalen 25**
Gweadau 2, 3 neu 4 rhan	Cerddoriaeth sydd wedi'i hysgrifennu i leisiau neu offerynnau mewn 2, 3 neu 4 rhan.
Haenog	Pan fydd sawl haen o seiniau neu linellau cerddorol yn cael eu cyfuno i adeiladu'r gwead. **Y GWERSLYFR: tudalen 65**
Homoffonig	Gwead alaw a chyfeiliant. **Y GWERSLYFR: tudalen 141**
Monoffonig	Cerddoriaeth sy'n cynnwys un llinell gerddorol, boed hynny ar gyfer unawdydd neu ar gyfer lleisiau neu offerynnau unsain. **Y GWERSLYFR: tudalen 141**
Polyffonig	Dwy neu fwy o alawon, yr un mor bwysig â'i gilydd, yn cael eu chwarae gyda'i gilydd. (Yr un peth â gwrthbwynt.) **Y GWERSLYFR: tudalen 141**
Tôn gron	Canon lleisiol byr i'w ganu'n ddigyfeiliant (e.e. *Daw Hyfryd Fis*, *Ble mae Daniel?*), sy'n cael ei ailadrodd drosodd a throsodd. **Y GWERSLYFR: tudalennau 58–59**
Unsain	Pan fydd lleisiau/offerynnau yn chwarae ar yr un traw neu mewn wythfedau, h.y. yr holl rannau'n seinio yr un nodyn. **Y GWERSLYFR: tudalen 64**

Tempo

Ystyr tempo y gerddoriaeth yw **cyflymder** y curiad. Mae gwahanol dermau yn cael eu defnyddio mewn cerddoriaeth i nodi tempo, ond dyma'r rhai y mae angen i chi eu gwybod:

Y GWERSLYFR: tudalen 125

Term	Ystyr
Accelerando (*Accel.*)	Cyflymu'n raddol
Adagio/Lento	Yn araf, yn hamddenol
Allegretto	Yn eithaf cyflym, yn arafach nag allegro
Allegro/Vivace	Bywiog, cyflym
Daliant	Mae arwydd daliant yn symbol sy'n golygu bod angen dal y nodyn yn hirach na'r gwerth gwreiddiol 
Moderato/Andante	Ar gyflymder cymedrol/ 'cyflymder cerdded' – ddim yn rhy araf
Ritardando/Rallentando (*Rit./Rall.*)	Arafu
Rubato	Mwy o 'ryddid' gyda'r tempo; pan fydd y perfformiwr yn rhoi dehongliad llawn mynegiant o'r gerddoriaeth – heb lynu'n gaeth at yr amser, ond heb newid y cyflymder cyffredinol

✓ Cyngor

Termau defnyddiol eraill:
- A tempo – yn y cyflymder gwreiddiol
- Largo – araf iawn
- Presto – cyflym iawn
- Ritenuto – mewn amseriad arafach

Y GWERSLYFR: tudalen 140

Dynameg

Mae'r ddynameg mewn cerddoriaeth yn dweud wrth y perfformwyr pa mor **gryf** neu **dawel** i chwarae. Dyma'r termau y mae angen i chi eu gwybod:

Term	Ystyr
Crescendo (*cresc.*)	Cryfhau'n raddol
Diminuendo (*dim.*)	Tawelu'n raddol
Forte (*f*)	Cryf
Fortissimo (*ff*)	Cryf iawn
Mezzo forte (*mf*)	Eithaf cryf
Mezzo piano (*mp*)	Eithaf tawel
Pianissimo (*pp*)	Tawel iawn, distaw iawn
Piano (*p*)	Tawel, distaw
Sforzando (*sf*)	Gyda grym; pwyslais sydyn

PENNOD 5: TERMAU CERDDOROL A THEORI

✅ **Cyngor**

Dau arwydd defnyddiol i'w gwybod:

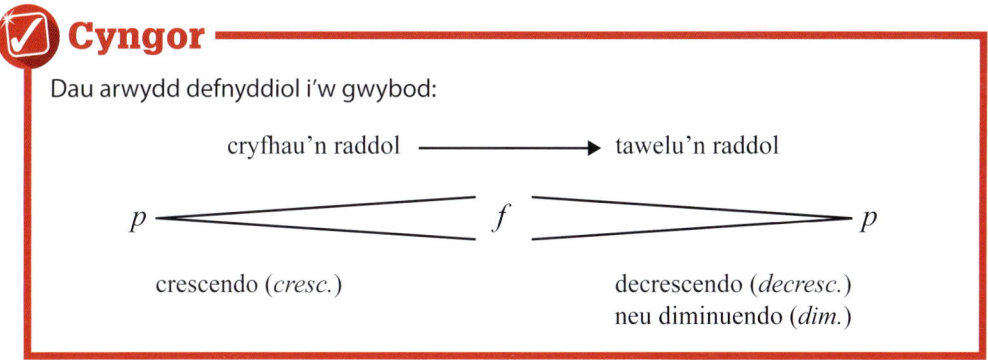

Arddulliau cerddorol

Dyma'r mathau gwahanol o gerddoriaeth ac arddulliau rydych chi wedi'u hastudio yn ystod y cwrs TGAU Cerddoriaeth:

Term	Ystyr
Asiad	Cerddoriaeth lle bydd dwy neu fwy o arddulliau yn cael eu cyfuno (e.e. pop a chlasurol). **Y GWERSLYFR: tudalennau 181–182**
Baled	Math o gân sy'n adrodd stori (mewn cerddoriaeth roc neu bop, stori garu yw hon fel arfer). Mae'r tempo yn araf fel arfer. **Y GWERSLYFR: tudalen 21**
Baróc	Cerddoriaeth sy'n nodweddiadol o'r cyfnod o tua 1600 hyd at 1750. **Y GWERSLYFR: tudalen 12**
Blues	Genre o gerddoriaeth sy'n seiliedig ar batrwm blues 12-bar. Mae'n deillio o gerddoriaeth Affricanaidd-Americanaidd wledig o ddiwedd y 19eg ganrif, ond datblygodd yn fuan yn amrywiaeth ehangach o arddulliau fel y Vaudeville Blues, y Delta Blues a'r Chicago Blues. Mae'n bosibl teimlo iaith gerddorol Blues mewn pob math o gerddoriaeth boblogaidd a jazz. **Y GWERSLYFR: tudalennau 89–93**
Cerdd dant	Dyma'r gelfyddyd o ganu'n fyrfyfyr dros alaw werin draddodiadol Gymreig. **Y GWERSLYFR: tudalennau 109–110**
Cerddoriaeth ffilm	Cerddoriaeth sydd wedi'i hysgrifennu'n arbennig ar gyfer y sgrin, gan gynnwys isgerddoriaeth (*underscore*) a cherddoriaeth thematig sy'n cyd-fynd â'r stori a'r cymeriadau. **Y GWERSLYFR: tudalennau 112–142**
Cerddoriaeth siambr	Cerddoriaeth sydd wedi'i chyfansoddi ar gyfer grŵp bach o berfformwyr, sydd yn cael eu hystyried yn unawdwyr cyfartal o ran statws; cerddoriaeth sydd i'w pherfformio yn y cartref, gydag un offeryn i bob rhan. **Y GWERSLYFR: tudalennau 70–79**
Cerddoriaeth werin Gymreig	Y math o gerddoriaeth sydd wedi'i dylanwadu gan dreftadaeth genedlaethol Cymru – y canu, yr alawon gwerin a'r offerynnau arbennig. **Y GWERSLYFR: tudalennau 103–111**
Clasurol	Cerddoriaeth sy'n nodweddiadol o'r cyfnod rhwng tua 1750 ac 1810. Mae'r term 'cerddoriaeth glasurol' hefyd yn gallu cyfeirio at bob math o gerddoriaeth sy'n rhan o Draddodiad Clasurol y Gorllewin. **Y GWERSLYFR: tudalen 13**
Hip-hop	Arddull rap sy'n tarddu o'r 1980au, a oedd yn ychwanegu sain 'crafu' (*scratching*) ar y recordiadau.
Jazz	Genre cerddoriaeth sy'n tarddu o New Orleans, sydd bellach yn cynnwys sawl math o arddull; mae trawsacennu, chwarae'n fyrfyfyr a harmonïau diddorol a chymhleth yn nodweddion pwysig. **Y GWERSLYFR: tudalennau 89–90, 93–102**
Minimaliaeth	Genre o'r 20fed ganrif sy'n cynnwys syniadau (neu gelloedd) alawol, rhythmig neu harmonig wedi'u hailadrodd mewn ffordd amrywiol a chynnil. **Y GWERSLYFR: tudalen 146**

(yn parhau ar dudalen 70)

ADRAN 1 ARFARNU

Term	Ystyr
Pop	Genre cerddoriaeth a ddechreuodd yn UDA a'r DU yng nghanol yr 1950au. Mae'r term 'cerddoriaeth bop' yn gallu bod yn derm cyffredinol am bob math o arddulliau ac is-genres poblogaidd (e.e. drwm a bas, metel trwm), neu mae'n gallu cyfeirio'n fwy penodol at gerddoriaeth fasnachol y siartiau. **Y GWERSLYFR: tudalennau 156–178**
Reggae	Arddull gerddorol sy'n tarddu o India'r Gorllewin, a oedd yn boblogaidd yn yr 1970au. **Y GWERSLYFR: tudalen 160**
Roc	Math o gerddoriaeth boblogaidd sy'n cael ei harwain gan gitâr, sydd â'i gwreiddiau ym mandiau gitâr yr 1960au, ac a ddaeth yn genre penodol yn yr 1970au. Mae cerddoriaeth roc yn cael ei gyrru gan riffiau, perfformiadau llawn egni, rhannau lleisiol uchel yn aml a drymio ymosodol. **Y GWERSLYFR: tudalennau 156–160**
Rhamantaidd	Cerddoriaeth sy'n nodweddiadol o'r cyfnod rhwng tua 1810 ac 1910. **Y GWERSLYFR: tudalen 13**
Soul	Math o gerddoriaeth boblogaidd, yn cyfuno elfennau o gerddoriaeth gospel, jazz, a rhythm a blues, a oedd yn boblogaidd dros ben yn niwedd yr 1960au a'r 1970au. Ar y dechrau roedd y perfformwyr a'r cynulleidfaoedd yn rhai Affricanaidd-Americanaidd yn bennaf. **Y GWERSLYFR: tudalen 158**
Traddodiad Clasurol y Gorllewin	Cerddoriaeth leisiol ac offerynnol a ysgrifennwyd rhwng tua 1000 a heddiw, yn Ewrop i ddechrau, gan gynnwys cerddoriaeth eglwysig, operâu, symffonïau, concerti, caneuon, pedwarawdau llinynnol, cerddoriaeth siambr a llawer mwy. **Y GWERSLYFR: tudalennau 12–13**
Theatr gerdd/sioe gerdd	Drama neu sioe gerddorol lle mae canu, actio a dawnsio yn elfennau pwysig. **Y GWERSLYFR: tudalennau 80–88**

Soniaredd

Mae soniaredd mewn cerddoriaeth yn ymwneud â natur y sain – y cyseiniant a'r ansawdd. Mae'n rhaid i chi wybod am y canlynol:

Offerynnau, lleisiau a grwpiau	
Acwstig	• Yn ymwneud â sain fel mae i'w chlywed; ansawdd y sain mewn ystafell neu adeilad. • Offerynnau cerddorol nad yw eu sain yn cael ei chynhyrchu'n electronig drwy fwyhadur.
Adran rythm	Rhan o grŵp jazz neu bop sy'n darparu'r rhythm, h.y. bas, drymiau a gitâr/allweddell (yn chwarae'r cordiau).
Allweddellau	Syntheseiddydd, piano, organ, harpsicord.
Basso continuo	Yr enw ar linell barhaus yn y bas mewn cerddoriaeth Baróc, sy'n aml yn cael ei chwarae gan yr harpsicord a'r sielo. **Y GWERSLYFR: tudalennau 70–71**
Cerddorfa	Casgliad mawr o offerynnau sy'n cynnwys pedwar teulu offerynnol: y llinynnau, y chwythbrennau, yr offerynnau pres a'r offerynnau taro.
Chwythbrennau	Ffliwt, obo, clarinét, basŵn (a sacsoffôn, sydd ddim yn cael ei ddefnyddio mewn cerddorfeydd yn aml).
Gitarau	Gitâr glasurol neu Sbaenaidd, gitâr acwstig, gitâr 12 tant, gitâr drydan, gitâr fas.
Grŵp pop/roc	Ensemble bach sy'n perfformio cerddoriaeth bop/roc. Byddai lein-yp cyffredin yn cynnwys gitâr flaen, gitâr rythm, prif ganwr, gitâr fas a drymiwr. Weithiau bydd y prif ganwr hefyd yn canu un o'r offerynnau.
Grwpiau	Unawd, deuawd, triawd, pedwarawd.

(yn parhau ar dudalen 71)

PENNOD 5: TERMAU CERDDOROL A THEORI

Offerynnau, lleisiau a grwpiau (*yn parhau*)	
Llinynnau	Feiolin, fiola, sielo, bas dwbl (a thelyn).
Offerynnau taro	Tiwniedig: timpani, glockenspiel, marimba, seiloffon. Di-draw: cit drymiau, drwm gwifrau, symbal, offerynnau taro llaw.
Pedwarawd llinynnol	Grŵp o bedwar offeryn llinynnol – dau feiolin, fiola a sielo. **Y GWERSLYFR:** tudalennau 73–74
Pres	Trwmped, corn Ffrengig, trombôn, tiwba.
Lleisiau	
A cappella	Canu heb unrhyw gefndir neu gyfeiliant offerynnol.
Corws	Ensemble lleisiol mewn sioe gerdd, opera neu oratorio.
Cytgan	Adran o gân neu emyn. **Y GWERSLYFR:** tudalen 168
Lleisiau cefndir	Cantorion sy'n darparu'r harmoni lleisiol neu'r cyfalawon i'r prif unawdydd. **Y GWERSLYFR:** tudalennau 166–167
Lleisiau dynion	Tenor, bas (bariton).
Lleisiau merched	Soprano, alto (mezzo-soprano).
Technoleg	
Atsain	Brawddeg gerddorol (neu sain) sy'n cael ei hailadrodd yn dawelach, neu'n llai trawiadol na'r frawddeg neu'r sain wreiddiol.
Cylchu sain	Effaith oedi mewn technoleg sain. **Y GWERSLYFR:** tudalen 166
Datsain/datseinedd	Effaith sy'n ychwanegu atsain at y sain. Mae modd ei ddefnyddio ar y rhan fwyaf o offerynnau sy'n cael eu mwyhau, a hefyd ar leisiau. **Y GWERSLYFR:** tudalen 166
Electronig/wedi'i syntheseiddio	• Allweddell electronig sy'n cynnwys gwahanol seiniau. • Math o gerddoriaeth lle mae dyfeisiau electronig yn cael eu defnyddio i gynhyrchu ac addasu seiniau.
Panio	Dosbarthu signal sain i faes sain aml-sianel. Mae'r rheolydd panio yn addasu'r sain drwy'r seinyddion chwith a de.
Samplwr	Dyfais electronig i storio ac addasu seiniau.
Technegau perfformio/cynanu	
Acen	Pwyslais ychwanegol ar nodyn arbennig.
Arco	Cyfarwyddyd i chwaraewyr llinynnol ddefnyddio'u bwa i chwarae eu hofferyn.
Atal dwbl	Pan fydd offeryn llinynnol yn chwarae dau nodyn ar yr un pryd.
Bas slap	Techneg perfformio ar gyfer gitâr fas (neu fas dwbl) lle bydd y perfformiwr yn taro'r tannau yn erbyn y ffretfwrdd er mwyn creu sain tebyg i offeryn taro.
Belt	Rhan isaf a mwyaf pwerus y cwmpas lleisiol.

(yn parhau ar dudalen 72)

ADRAN 1 ARFARNU

Technegau perfformio/cynanu (*yn parhau*)	
Bwrlwm drwm	Techneg perfformio ar gyfer y drymiau sy'n cynnwys dilyniant cyflym o guriadau. Bydd bwrlwm drwm yn aml yn cael ei ddefnyddio i greu cynnwrf cyn cyrraedd uchafbwynt yn y gerddoriaeth.
Cynnal	Parhau i chwarae'r nodyn, h.y. nodyn wedi'i gynnal = nodyn wedi'i ddal.
Divisi	Cyfarwyddyd mewn cerddoriaeth i chwaraewyr cerddorfaol sy'n darllen yr un erwydd gerddorol rannu'n ddwy neu fwy o rannau.
Falsetto	Techneg leisiol sy'n cael ei defnyddio gan ddynion i ymestyn y llais i gwmpas uwch na'r arfer.
Glissando	Llithro o un traw i draw arall.
Hymian	Sain leisiol sy'n cael ei gynhyrchu gyda'r geg ar gau.
Legato	Cyfarwyddyd i chwarae'r gerddoriaeth yn llyfn.
Melismataidd	Cerddoriaeth leisiol lle bydd sillaf o'r testun wedi'i osod ar sawl nodyn gwahanol.
Morthwylio	Techneg perfformio ar gyfer offeryn llinynnol sydd â ffretiau, fel gitâr. Mae'n digwydd pan fydd y gitarydd yn taro ei fys yn galed ar ffretfwrdd (y tu ôl i'r ffret), gan achosi i nodyn seinio. (Mae'r dechneg hon yn groes i'r dechneg 'tynnu i ffwrdd', lle bydd y bys ar y gribell yn cael ei ryddhau ar ôl taro'r nodyn.)
Pizzicato	'Plycio' neu ddefnyddio'r bysedd (h.y. ffordd o chwarae offeryn llinynnol).
Plycio	Ffordd o dynnu a rhyddhau'r tant yn gyflym ar offeryn llinynnol er mwyn cynhyrchu'r sain (h.y. pizzicato).
Plygu'r traw	Pan fydd perfformiwr yn newid traw y nodyn ychydig bach (e.e. drwy ddefnyddio'r cyfleuster ar syntheseiddydd).
Rap	Math o gerddoriaeth bop sy'n tarddu o UDA, lle bydd y geiriau yn cael eu llefaru'n gyflym ac yn rhythmig yn erbyn offerynnau cefndirol.
Sgat	Arddull o ganu'n fyrfyfyr mewn cerddoriaeth jazz, lle mae'r llais yn cael ei ddefnyddio i ddynwared offeryn (h.y. defnyddio sillafau disynnwyr).
Sillafog	Cerddoriaeth leisiol lle bydd pob sillaf o'r testun wedi'i osod ar nodyn gwahanol.
Staccato	Nodau wedi'u gwahanu, yn fyrrach na'u hyd llawn.
Tafodi	Techneg perfformio a ddefnyddir gan offerynnau chwyth i ddiffinio gwahanol nodau (h.y. gwahanu nodau drwy ddefnyddio'r dafod i atal y gwynt).
Trawiad ymyl	Techneg perfformio ar offerynnau taro, lle bydd y sain yn cael ei chreu drwy daro ymyl a phen y drwm gyda'r ffon, ar yr un pryd.
Tremolo	Tynnu'r bwa'n gyflym ar offeryn llinynnol er mwyn creu effaith ddramatig.
Vibrato	Amrywiad bach a chyflym mewn traw wrth ganu neu chwarae rhai offerynnau cerddorol, sy'n cynhyrchu tôn gryfach neu gyfoethocach.
Wedi mudo/gyda mudydd	Bydd effaith 'mudydd' yn cael ei chreu pan fydd mudyddion yn cael eu defnyddio i wanhau neu dawelu sain offerynnau llinynnol neu bres.
Wedi'i lithro	Arddull o chwarae dau neu fwy o nodau yn llyfn: wedi'u huno â 'llithriad' (legato).
Wedi'i wahanu	Math o gynaniad cerddorol sy'n disgrifio nodau sydd wedi'u byrhau (h.y. staccato).
Ystumiant	Effaith gan chwaraewyr gitâr sy'n ystumio'r nodyn.

PENNOD 5: TERMAU CERDDOROL A THEORI

Nodweddion i edrych amdanyn nhw wrth esbonio a disgrifio'r elfennau cerddorol.

ADRAN 2
CYFANSODDI A PHERFFORMIO

PENNOD 6: CYFANSODDI

Beth mae angen i mi ei wybod?

- Mae'n rhaid i chi gwblhau **dau** gyfansoddiad.
- Dylai eich portffolio gwaith cwrs gorffenedig bara rhwng tair a chwe munud.
- Mae'n rhaid i un cyfansoddiad fod mewn ymateb i friff a osodwyd, ac a gyhoeddwyd gan y bwrdd arholi ar ddechrau'r flwyddyn y byddwch chi'n sefyll yr arholiad. Bydd dewis o bedwar (un ar gyfer pob maes astudio) ac mae'n rhaid i chi ddewis un.
- Mae'r ail gyfansoddiad yn gyfansoddiad rhydd, a bydd yn rhaid i chi osod eich briff eich hun ar gyfer y cyfansoddiad hwn. Gallwch chi ei gysylltu â maes astudio, os ydych chi'n dymuno.

Yn amlwg, mae dangos eich dealltwriaeth gerddorol a'ch defnydd o elfennau cerddorol yn berthnasol i'r holl feysydd astudio. Fodd bynnag, mae rhai nodweddion penodol sydd wedi'u nodi gyda'r gwahanol feysydd astudio y dylech chi eu hystyried.

Ffurfiau a dyfeisiau cerddorol
Ystyriwch y canlynol:

Ffurfiau: adeiledd, e.e. dwyran, teiran, miniwét a thrio, rondo, amrywiad a stroffig

Ymdeimlad o gydbwysedd a chymesuredd

Dyfeisiau: e.e. cyferbyniad, efelychiant, dilyniant, ostinato, trawsacennu, nodau pedal, canon, motiffau melodig a rhythmig, dilyniadau cordiau, diweddebau a thrawsgyweiriadau

Cerddoriaeth ar gyfer ensemble
Ystyriwch y canlynol:

Y genres:
- **Cerddoriaeth siambr**
- **Theatr gerdd**
- **Jazz a'r blues**

Grwpiau: e.e. trio jazz, pedwarawd llinynnol, deuawd/triawd lleisiol, grŵp blues

Gweadau: e.e. monoffonig, homoffonig, polyffonig, unsain, haenog, alaw a chyfeiliant, cyfalaw, canon

Cerddoriaeth ffilm
Ystyriwch y canlynol:

- **Ansawdd**
- **Lliw tôn**
- **Dynameg**

Dyfeisiau: e.e. creu naws, defnyddio leitmotiv, defnyddio dynameg a chyferbyniad i greu effaith arbennig, defnyddio technegau minimalaidd, haenu, deunydd thematig nodedig a chryf, trawsnewid themâu i adlewyrchu'r naws a'r sefyllfa

Cerddoriaeth boblogaidd
Ystyriwch y canlynol:

Adeiledd: Ffurf cân 32-bar, 8 bar canol, pont, toriad offerynnol, rhagarweiniad, pennill-cytgan, diweddglo, defnyddio bachyn, etc.

Offeryniaeth: llinellau bas, cit drymiau/offerynnau taro, arddulliau gitâr, rhannau ar gyfer allweddellau, prif gantorion a chantorion cefndir, offerynnau blaen

Dyfeisiau: e.e. riffiau, cordiau a dilyniadau, cyferbyniad, haenu, diweddebau, rhythmau sy'n gyrru, trawsacennu, gwaith harmoni agos, chwarae'n fyrfyfyr, bas sy'n cerdded

PENNOD 6: CYFANSODDI

Sut i greu eich gwaith gorau wrth gyfansoddi

Efallai y byddwch chi'n cysylltu'r gair 'adolygu' gydag astudio gwaith ysgrifenedig ar gyfer eich arholiad gwrando, yn hytrach na gyda'ch gwaith cwrs. Ond gallwch chi 'adolygu' hefyd gyda'ch portffolio cyfansoddi.

Bydd angen llawer o waith meddwl a chynllunio gofalus er mwyn cwblhau dau gyfansoddiad. Mae llawer o fyfyrwyr yn teimlo cymaint o ryddhad ar ôl cwblhau eu darnau fel nad ydyn nhw eisiau newid unrhyw beth, na gwneud gwelliannau, na gweithredu ar sail unrhyw gyngor neu arweiniad pellach gan yr athrawon.

Fodd bynnag, mae adolygu a golygu eich gwaith yn allweddol er mwyn llwyddo. Mae cyfansoddwyr y gorffennol a'r presennol wedi golygu a newid eu syniadau wrth fireinio eu gwaith a pharhau i ddatblygu eu syniadau cerddorol – dydy llawer ohonyn nhw byth yn gwbl fodlon â'r canlyniad.

Mae'r adran hon o'r llyfr yn anelu i'ch helpu i ganolbwyntio ar union ofynion y rhan hon o'r cwrs: nodyn atgoffa o'r hyn sydd ei angen er mwyn sicrhau eich bod chi'n cael marciau da.

Y GWERSLYFR: tudalennau 206–219

Cofiwch

Ystyr 'adolygu' yw newid neu addasu: adolygu eich barn, addasu rhywbeth... er mwyn cywiro, gwella neu ddiweddaru.

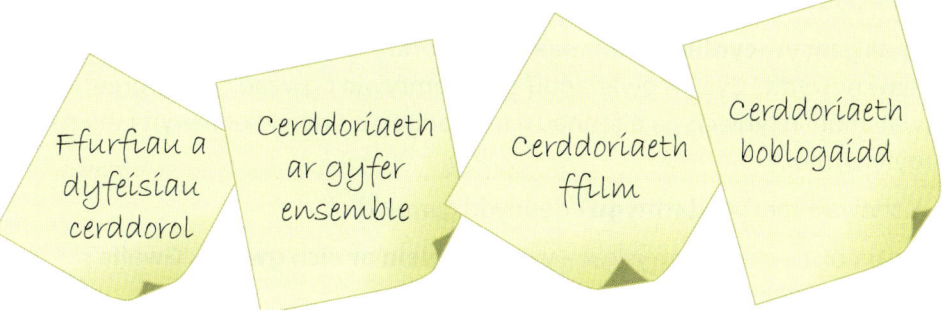

Ffurfiau a dyfeisiau cerddorol

Cerddoriaeth ar gyfer ensemble

Cerddoriaeth ffilm

Cerddoriaeth boblogaidd

Cyngor

Cynlluniwch amserlen bob tro a chadwch ati. Gadewch ddigon o amser i ystyried yr hyn rydych chi wedi'i ysgrifennu. Barnwch ansawdd eich syniadau cychwynnol ac, yn sgil unrhyw farn a gydag arweiniad eich athro, mireiniwch a diwygiwch eich gwaith, gan wneud yn siŵr eich bod chi wedi datblygu'r deunydd.

Eich targed yw sgorio'n dda ar y grid asesu, sydd yn canfod lefel eich cyflawniad mewn tair ffordd:

Creadigrwydd a datblygu syniadau cerddorol	Rheolaeth dechnegol ar elfennau ac adnoddau cerddorol	Adeiledd a chydlyniad arddulliadol
Mae hyn yn asesu: • ansawdd eich deunydd sylfaenol • sut rydych chi'n datblygu'r syniadau • pa mor effeithiol yw'r cyferbyniad o ran tôn, lliw a naws	Mae hyn yn asesu: • eich dewis o elfennau ac adnoddau • eich defnydd a'ch rheolaeth o wahanol elfennau cerddorol (gan gynnwys technoleg)	Mae hyn yn asesu: • y ffordd rydych chi'n trefnu ac yn cyflwyno'r syniadau • yr ymateb i'r briff a osodwyd • pa mor effeithiol yw'r canlyniad terfynol

Ymateb i'r briff

Y briff yw'r man cychwyn bob tro, p'un a yw'n friff rydych chi wedi'i ddewis o'r dewis o bedwar a osodwyd gan y bwrdd arholi, neu'n friff rydych chi wedi'i ddewis ar gyfer y cyfansoddiad rhydd.

ADRAN 2 CYFANSODDI A PHERFFORMIO

Cynllunio

- Meddyliwch am eich ymateb cychwynnol i'r briff: y gynulleidfa neu'r achlysur, y maes astudio, yr offerynnau/lleisiau, a sut byddwch chi'n recordio neu'n storio eich syniadau cerddorol.
- Ystyriwch yr agweddau cyferbyniol: beth gallech chi eu cynnwys? Pa fath o 'naws' ydych chi'n anelu i'w gael? Sut gallech chi eu trefnu? Sut gallech chi greu amrywiaeth?
- Sut rydych chi'n mynd i ddefnyddio a chyflwyno'r elfennau cerddorol? Er mwyn gwneud dewis da, mae angen ystyried a defnyddio elfennau cerddorol yn ofalus – mae dangos rheolaeth dros hynny yn allweddol er mwyn ennill mwy o farciau.

Y cynnwys

- Y peth cyntaf y dylech chi ei wneud yw **creu** eich syniadau cerddorol cychwynnol, h.y. adran gyntaf eich darn. Mae angen i chi feddwl am y cynnwys melodig a rhythmig, dilyniadau cordiau ac ati. Gwnewch yn siŵr bod rhain yn adlewyrchu'r briff a ddewiswyd yn effeithiol a'u bod nhw'n defnyddio lliwiau tôn priodol, dynameg a thempo addas i greu'r naws agoriadol, a bod y syniadau ar gyfer yr offerynnau/lleisiau wedi'u trefnu'n ofalus.
- Yr ail gam yw **cynllunio** sut mae cyferbynnu'r syniadau hyn, e.e. defnyddio alaw newydd? Cywair gwahanol? Drwy amrywio'r gwead? Drwy greu 'naws' wahanol? Ystyriwch pa elfennau y mae angen eu newid er mwyn creu naws gyferbyniol.
- Y trydydd cam yw **datblygu**'r deunydd gwreiddiol.
- Y cam olaf – a'r cam pwysicaf – yw **rhoi sglein ar eich gwaith. Gwella'r rhannau gwan ac addasu yn ôl yr angen**.

Cofiwch

Ailystyriwch a diwygiwch – aildrefnwch os oes angen.

Creu syniadau cerddorol: deall cordiau ac alawon

Does dim un ffordd benodol o gyfansoddi; bydd pawb yn gweithio'n wahanol. Bydd rhai myfyrwyr yn cyfansoddi eu halawon i ddechrau, ac yna'n ychwanegu'r cordiau a'r cyfeiliant; bydd eraill yn amlinellu'r harmoni i ddechrau, ac yna'n creu'r thema. Pa bynnag ffordd sy'n gweithio orau i chi, yn ystod y cwrs TGAU Cerddoriaeth byddwch chi wedi meddwl am syniadau, a gobeithio, wedi meddwl am ehangu a datblygu'r syniadau hynny. Mae'n ymwneud â'r ffordd rydych chi'n rhoi'r holl elfennau at ei gilydd i greu'r canlyniad rydych chi'n ei ddymuno – canlyniad sydd yn creu ac yn cyfuno'r elfennau er mwyn cyflawni ymdeimlad effeithiol o arddull a chymeriad mewn ymateb i'r briff a ddewiswyd.

Alaw

Y syniadau	Sut i ddangos rheolaeth
✓ Cyfansoddwch ychydig o fotiffau byr sy'n 'soniarus'	✓ Ceisiwch greu brawddegau cwestiwn ac ateb
✓ Dylech chi gynnwys symudiad cysylltiol a rhai cyfyngau	✓ Ceisiwch gydbwyso'r syniadau: ailadroddwch pan fydd angen, defnyddiwch gyferbyniad pan fydd angen rhyw newid
✓ Gallech chi hefyd gynnwys syniadau arpeggio, rhai tawnodau neu drawsacennu (os yw'n briodol)	

PENNOD 6: CYFANSODDI

Y syniadau	Sut i ddangos rheolaeth
✓ Gwrandewch ar yr alaw rydych chi wedi'i chwblhau – heb unrhyw gyfeiliant. Sylwch ar unrhyw nodau sy'n swnio'n anghywir a'u newid ✓ Gwnewch yn siŵr nad yw eich prif syniad yn rhy gymhleth (gallwch chi wedyn ei ddatblygu'n ddiweddarach) ✓ Byddwch yn feirniadol. Ydy'r alaw yn un dda? Ydy'r alaw yn gofiadwy? Gwnewch yn siŵr eich bod chi'n fodlon cyn symud ymlaen	✓ Meddyliwch am y siâp y mae'r alaw yn ei greu: 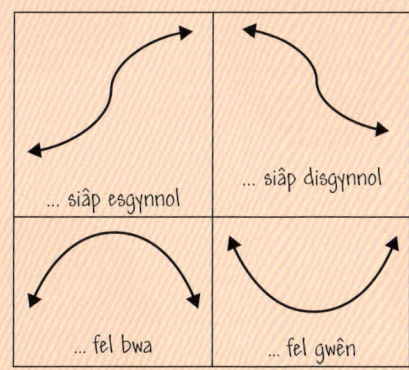 ✓ Trefnwch y syniadau i greu adeiledd (e.e. A A B A, A B A B, A B A, etc.) ✓ Mae'n syniad da cael pwynt 'uchel' a phwynt 'isel' yn yr alaw

 Cyngor

- Peidiwch â defnyddio alaw (neu ran o alaw) sydd eisoes yn enwog neu'n adnabyddus … cyfansoddwch eich alaw eich hun.
- Mae'n rhaid sicrhau cymeriad, cyfeiriad, siâp a chydbwysedd i'r alaw … yn hytrach na chreu casgliad o nodau wedi'u trefnu ar hap. I gael y radd orau, mae angen i'r alaw 'deithio' … a gwneud synnwyr yn gerddorol.

Cordiau

Y syniadau	Sut i ddangos rheolaeth
✓ Cyfansoddwch wahanol ddilyniadau cordiau byr ✓ Meddyliwch am weithio o fewn cywair penodol (os yw'n briodol) ✓ Chwaraewch drawiau gwahanol gyda'i gilydd i greu cordiau rydych chi'n teimlo sy'n gweddu i'r darn – peidiwch â dechrau a diweddu yn C fwyaf bob tro ✓ Dylech chi adeiladu dilyniant cordiau drwy ddechrau gydag un cord tri nodyn, ac yna newid un nodyn ar y tro (neu ychwanegu, neu hepgor nodyn) ✓ Gwrandewch ar y syniadau. Sylwch ar unrhyw beth sy'n swnio'n anghywir a'i newid	✓ Sefydlwch yr ymdeimlad o gywair gwreiddiol ✓ Meddyliwch sut i symud i gywair perthynol ✓ Ailadroddwch y dilyniadau cryfaf fel y bo'r angen, ond cofiwch gynnwys rhai adrannau cyferbyniol bob tro – sicrhewch eich bod chi'n cynnwys digon o amrywiaeth ✓ Meddyliwch am ddiwedd y brawddegau a diweddebau ✓ Dylech chi osgoi defnyddio cordiau safle gwreiddiol bob tro – arbrofwch gyda gwrthdroeon a 7fedau ✓ Hyd yn oed pan fydd yr harmoni'n fwy anghyseiniol, rheolwch eich dull o ddethol a chyferbynnu'r cynnwys

Rhythm

Y syniadau	Sut i ddangos rheolaeth
✓ Defnyddiwch werthoedd nodau mwy syml i ddechrau – mae hyn yn rhoi cyfle i ddatblygu yn ddiweddarach ✓ Mae patrymau rhythmig cryf yn helpu i sefydlu hunaniaeth a chymeriad – felly treuliwch amser ar y rhain ✓ Tapiwch neu chwaraewch y syniadau rhythmig rydych chi eisiau eu defnyddio cyn eu recordio neu eu hysgrifennu ✓ Dylech chi weithio o fewn arwydd amser sydd wedi'i sefydlu'n glir cyn ychwanegu amrywiaeth	✓ Penderfynwch ar y prif batrymau rhythmig a'u trefnu'n ofalus ✓ Peidiwch â newid yr arwydd amser yn rhy aml mewn un darn ✓ Dylech chi gynnwys amrywiaeth o rythmau wrth ddatblygu eich syniadau i ddangos eich dealltwriaeth, e.e. trawsacennu, tripledi, rhythmau dotiog, tawnodau, patrymau hanner cwafer, nodau acennog ✓ Peidiwch â gosod patrymau gyda'i gilydd ar hap; mae hynny'n dangos diffyg rheolaeth. Dylech chi gynllunio a chydbwyso'r syniadau

ADRAN 2 CYFANSODDI A PHERFFORMIO

✓ Cyngor

Gwybodaeth ychwanegol

Dylech chi geisio creu argraff drwy ddefnyddio dyfeisiau fel estyniad, cywasgiad a gwrthdro i ddatblygu'r alaw.

Rhestr wirio – dylai eich cyfansoddiad gynnwys:

- ✓ Adeiledd wedi'i drefnu'n ofalus.
- ✓ Alaw sydd wedi'i chydbwyso'n dda, gyda brawddegau clir.
- ✓ Patrymau yn y cyfeiliant sydd yn cynnal llinell yr alaw.
- ✓ Dilyniadau cordiau sydd yn argyhoeddi (gyda diweddebau priodol).
- ✓ Defnydd diddorol o batrymau a dyfeisiau.
- ✓ Amrywiaeth o elfennau cerddorol er mwyn amrywio'r lliw a'r naws.
- ✓ Datblygu syniadau drwy ddefnyddio amrywiaeth o ddyfeisiau cyfansoddi.
- ✓ Mireinio'r syniadau cychwynnol.

Cwblhau log yr ymgeisydd

Mae log yr ymgeisydd wedi'i rannu'n adrannau mae'n rhaid i bob myfyriwr eu llenwi. Ar y dudalen glawr, dim ond gwybodaeth angenrheidiol yr arholiad mae angen i chi ei llenwi, gan gynnwys y llofnodion sydd eu hangen (gennych chi a'ch athro). Mae'n hollol dderbyniol llofnodi'r dogfennau'n electronig. Mae angen i'r adrannau sydd ar ôl gynnwys cymaint o fanylion â phosibl (gwybodaeth ac esboniad). Gobeithio y bydd yr awgrymiadau hyn yn eich helpu.

> **Cofiwch**
>
> Dylech chi lawrlwytho log yr ymgeisydd o wefan CBAC ar ffurf dogfen Word. Gallwch chi wedyn ychwanegu manylion wrth i chi fynd yn eich blaen, gan y bydd hyn yn gwneud pethau'n haws i chi.

Nodwch y briff a ddewiswyd gennych.
✓ Rhowch resymau dros eich dewis o'r briff.   ✓ Ysgrifennwch y briff yn llawn.   ✓ Cofiwch gynnwys teitl eich darn.
Nodwch y math o sgôr a'r recordiad.
✓ Ticiwch y blwch i nodi pa fath o recordiad a sgôr neu daflen arweiniol rydych chi wedi'u cyflwyno.   ✓ Os ydych chi'n cyflwyno taflen arweiniol, mae'n rhaid i'ch gwaith gynnwys esboniad clir o'r harmonïau/cordiau, yr alaw ac unrhyw wybodaeth arall am yr elfennau cerddorol.
Darparwch gofnod o'ch proses gyfansoddi a mireinio.
✓ Pa feddalwedd (os o gwbl) ydych chi wedi'i defnyddio?   ✓ Cofiwch gynnwys manylion unrhyw gerddoriaeth wreiddiol a allai fod wedi dylanwadu ar eich gwaith.   ✓ Beth oedd eich syniadau cychwynnol? Pa elfennau cerddorol a nodweddion ydych chi wedi'u defnyddio, a sut?   ✓ Sut aethoch chi ati i ddatblygu eich syniadau? Soniwch am newidiadau o ran gwead, cywair, alaw, rhythm neu harmonïau.   ✓ Pa ddyfeisiau ddefnyddioch chi (e.e. efelychiant, dilyniant, haenu, gwrthbwynt, etc.)?   ✓ Rhowch fanylion am ganllawiau a chyngor eich athro, a pha dargedau a gafodd eu gosod (a'u haddasu efallai) ar hyd y ffordd.
Rhowch fanylion unrhyw syniadau cerddorol yn eich darn nad ydyn nhw'n waith gwreiddiol gennych chi.
✓ Cofiwch gynnwys manylion unrhyw ddolenni, patrymau drymio, cyfeiliant awtomatig, etc., a oedd yn bodoli'n barod.   ✓ Esboniwch yn union sut cawson nhw eu defnyddio yn eich gwaith.
A yw'r recordiad yn fersiwn manwl gywir o'ch darn?
✓ Ticiwch 'Ydy' neu 'Nac ydy'.   ✓ Esboniwch unrhyw wahaniaethau rhwng y sgôr a'r recordiad.   ✓ Rhowch reswm dros y gwahaniaethau hyn a pham digwyddon nhw.
Sut cynhyrchwyd y recordiad hwn?
✓ Ticiwch bob blwch sy'n berthnasol i'ch gwaith.   ✓ Esboniwch yn union sut gwnaethoch chi gyfrannu at y recordiad.   ✓ Cofiwch gynnwys pob rhan sy'n cael ei chwarae gan berfformwyr eraill mewn perfformiad byw. Os nad oes rhannau ar gael, esboniwch sut (a pham) cafodd y rhannau eu cynnwys yn y darn.
Unrhyw wybodaeth arall.
Does dim angen llenwi'r adran hon os nad oes dim byd arall gennych chi i'w esbonio. Fodd bynnag, mae croeso i chi gynnwys unrhyw beth arall yr hoffech iddo gael ei ystyried er mwyn asesu eich gwaith.

ADRAN 2 CYFANSODDI A PHERFFORMIO

Sgorau a thaflenni arweiniol

Gall llawer o fyfyrwyr gyflwyno sgorau wedi'u cwblhau yn llawn gyda'u cyfansoddiadau, naill ai drwy ddefnyddio rhaglen fel Sibelius, neu drwy drosglwyddo eu cerddoriaeth (drwy *MIDI*) i raglen debyg er mwyn creu'r sgôr gerddorol. Mae llawer o wahanol raglenni ar gael i'w defnyddio.

Pan fydd sgôr fel hyn yn cael ei gyflwyno, does dim angen i chi gynnwys unrhyw fath o ddadansoddiad o'r gerddoriaeth yn log yr ymgeisydd.

Os nad oes modd i chi greu sgôr nodiant, mae'n rhaid i chi gynnwys taflen arweiniol. Gyda thaflen arweiniol, mae angen i chi ddisgrifio cynnwys gwirioneddol y gerddoriaeth a rhoi esboniad manwl o'r hyn rydych chi wedi'i gynnwys yn y cyfansoddiad. Mae angen y daflen arweiniol yn ogystal â log yr ymgeisydd.

Beth dylwn i ei gynnwys ar daflen arweiniol?

> **Awgrym adolygu**
>
> Dylech chi gynnwys cyfarwyddiadau perfformio fel dynameg ac arwydd tempo ar y sgôr/daflen arweiniol. Mae hyn yn dangos eich bod chi'n ystyried sut i reoli'r elfennau cerddorol.

Y daflen arweiniol:
- Gwybodaeth ynglŷn â thempo, dynameg a gwead
- Amlinelliad o'r adeiledd sy'n dangos y ffurf gyffredinol
- Geiriau (os mai cân yw'r cyfansoddiad), gan gynnwys y nodiant felodig os yw'n bosibl
- Manylion am harmoni, alaw a rhythm
- Manylion holl ddyfeisiau'r cyfansoddiad (e.e. dilyniant, efelychiant, haenu, etc.)
- Esboniad o ba offerynnau/leisiau sydd wedi'u defnyddio a sut

 Cyngor

- Os ydych chi wedi defnyddio technoleg i recordio eich syniadau, efallai y gallwch chi agor ffenestr olygu. Bydd hyn yn rhoi pytiau o nodiant i chi y gallech chi eu cynnwys i'ch helpu i gyflwyno eich cerddoriaeth.
- Does dim rhaid i chi gyflwyno sgôr **os ydych chi'n perfformio'r holl rannau eich hun**. Bydd esboniad o'r cynnwys cerddorol yn fwy na digon.

PENNOD 6: CYFANSODDI

Sgrinlun wedi'i anodi

Dyma enghraifft o sgrinlun nodweddiadol, wedi'i anodi â blychau sy'n cynnwys esboniadau am y cynnwys cerddorol. Mae'r wybodaeth sy'n cael ei chyflwyno gan lawer o fyfyrwyr TGAU Cerddoriaeth yn aml yn gysylltiedig â nodweddion offerynnol a dyfeisiau cyfansoddi.

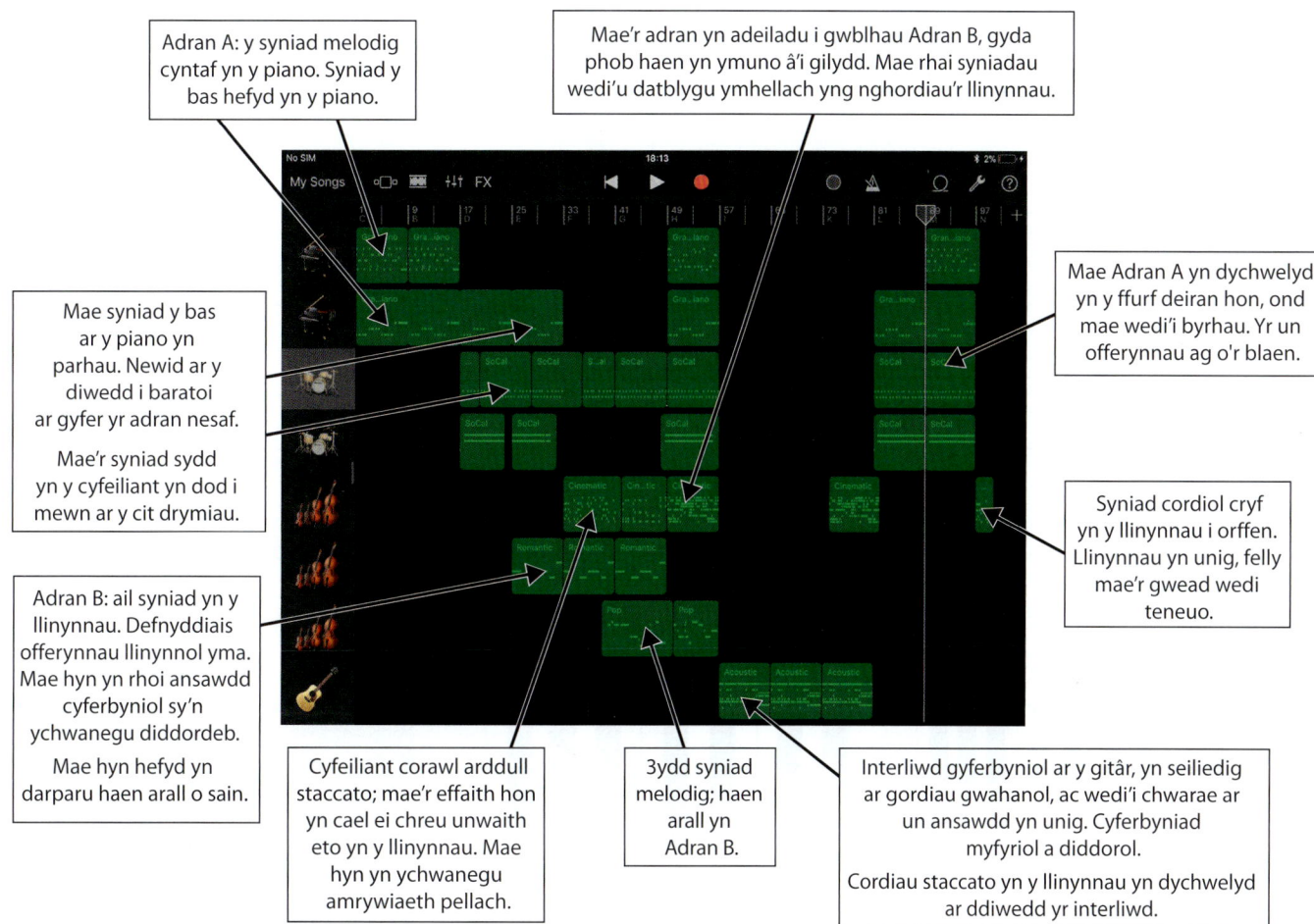

- Adran A: y syniad melodig cyntaf yn y piano. Syniad y bas hefyd yn y piano.
- Mae'r adran yn adeiladu i gwblhau Adran B, gyda phob haen yn ymuno â'i gilydd. Mae rhai syniadau wedi'u datblygu ymhellach yng nghordiau'r llinynnau.
- Mae syniad y bas ar y piano yn parhau. Newid ar y diwedd i baratoi ar gyfer yr adran nesaf.
- Mae'r syniad sydd yn y cyfeiliant yn dod i mewn ar y cit drymiau.
- Mae Adran A yn dychwelyd yn y ffurf deiran hon, ond mae wedi'i byrhau. Yr un offerynnau ag o'r blaen.
- Adran B: ail syniad yn y llinynnau. Defnyddiais offerynnau llinynnol yma. Mae hyn yn rhoi ansawdd cyferbyniol sy'n ychwanegu diddordeb.
- Mae hyn hefyd yn darparu haen arall o sain.
- Syniad cordiol cryf yn y llinynnau i orffen. Llinynnau yn unig, felly mae'r gwead wedi teneuo.
- Cyfeiliant corawl arddull staccato; mae'r effaith hon yn cael ei chreu unwaith eto yn y llinynnau. Mae hyn yn ychwanegu amrywiaeth pellach.
- 3ydd syniad melodig; haen arall yn Adran B.
- Interliwd gyferbyniol ar y gitâr, yn seiliedig ar gordiau gwahanol, ac wedi'i chwarae ar un ansawdd yn unig. Cyferbyniad myfyriol a diddorol. Cordiau staccato yn y llinynnau yn dychwelyd ar ddiwedd yr interliwd.

PWYSIG! Wrth roi amlinelliad tebyg i'r un uchod, yr hyn sy'n aml yn cael ei hepgor yw digon o fanylion am yr alaw, rhythmau, harmonïau (gan gynnwys eich dewis o wrthdroeon), cyweiredd, tempo a dynameg.

Efallai nad yw'r esboniad yn y nodiadau uchod yn ddigon manwl chwaith. Er enghraifft:

- Cafodd haenau eu hychwanegu ar y dechrau – beth oedd y syniadau cerddorol yn yr haenau hyn?
- Mae'n dweud bod offerynnau llinynnol yn cael eu defnyddio, ond gallai'r cyfansoddwr fod yn fwy penodol – unrhyw offerynnau llinynnol arbennig? Pa fath o ddeunydd cerddorol a roddwyd i'r offerynnau hyn yn union?
- Mae'n dweud bod 'syniadau wedi'u datblygu'. Mae'n well dweud bob amser sut cafodd y syniadau eu datblygu, ac enwi unrhyw ddyfeisiau a ddefnyddiwyd i ddatblygu'r syniadau.

ADRAN 2 CYFANSODDI A PHERFFORMIO

 Cyngor

Er mwyn sicrhau eich bod chi'n cael marciau am eich holl syniadau, gwnewch yn siŵr eich bod chi'n rhoi esboniad llawn o'r hyn rydych chi wedi'i gynnwys. Gallech chi gyflwyno'r wybodaeth honno ar ffurf tabl. Er enghraifft, os oedd eich darn ar ffurf rondo, gallech chi gyflwyno'r wybodaeth angenrheidiol fel hyn:

	Adran A	Adran B	Adran A	Adran C	Adran A
Alaw					
Rhythm					
Tempo					
Dynameg					
Offerynnau					
Harmoni					
[Geiriau]					

Gallwch chi greu templed tebyg mewn dogfen Word. Gallwch chi lenwi'r templed wedyn fesul tipyn wrth barhau â'ch gwaith.

Awgrym: Os nad ydych chi'n siŵr pa gordiau wnaethoch chi eu defnyddio, tynnwch lun o safle'r bysedd ar y gitâr neu'r allweddell a chyflwynwch y llun hwnnw. Gweler y lluniau isod, er enghraifft.

Y GWERSLYFR:
tudalennau 220–223

Ysgrifennu gwerthusiad

Mae'n rhaid i chi lunio gwerthusiad o'r darn a gyfansoddwyd mewn ymateb i'r briff a osodwyd gan CBAC. Byddwch chi wedi cael dewis o bedwar.

Pan rydych chi'n gwerthuso rhywbeth, rydych chi'n ffurfio barn amdano. Mae'n rhaid i chi edrych ar y cyfansoddiad fel cyfanwaith ac ystyried yr agweddau llwyddiannus a'r gwendidau.

I gael y marciau uchaf, mae angen i chi roi gwerthusiad manwl sy'n dangos *barn feirniadol graff,* ac wrth ysgrifennu rhaid i chi ddefnyddio *terminoleg gerddorol gywir*. Mae gofyn i chi roi adroddiad manwl, sy'n cynnwys rhwng 500 a 1,000 o eiriau. Mae'n rhaid i bob brawddeg fod yn berthnasol, ac mae angen i chi ystyried yn ofalus beth sydd angen ei gynnwys. Esboniwch **pam** eich bod wedi gwneud penderfyniadau penodol.

PENNOD 6: CYFANSODDI

1 **Rhowch fanylion y briff a ddewiswyd.**

[**Briff enghreifftiol**: Cyfansoddwch ddarn o gerddoriaeth dawnsio gwerin ar gyfer cystadleuaeth yn yr Eisteddfod. Mae'n rhaid i chi ysgrifennu'r darn ar gyfer o leiaf dau offeryn (o'ch dewis eich hun).]

2 **Sut mae'r cyfansoddiad yn bodloni'r briff gosod?**

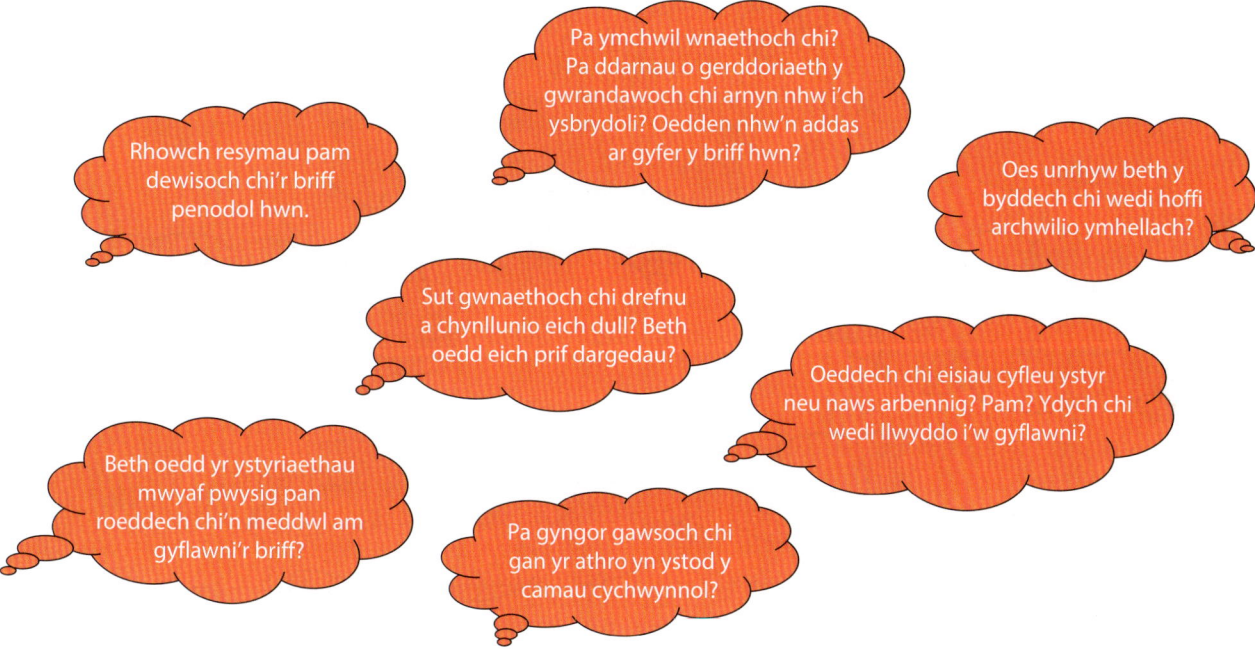

3 **Sut cafodd elfennau cerddorol eu defnyddio yn y darn?**

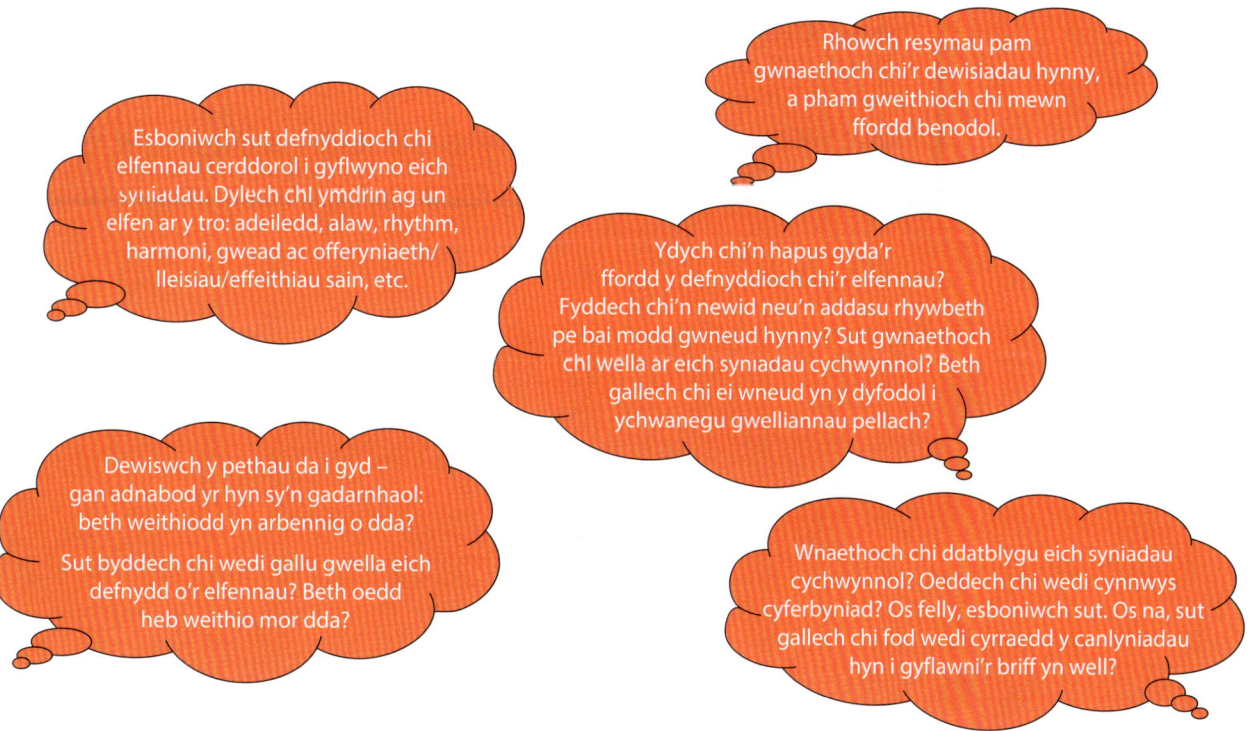

ADRAN 2 CYFANSODDI A PHERFFORMIO

4 Pa mor effeithiol oedd y cyfansoddiad gorffenedig?

- Ydych chi wedi cyflawni'r hyn yr oeddech chi'n bwriadu ei wneud? Ydych chi'n hapus gyda'r canlyniad? Ydy'r canlyniad yn cwrdd â'r briff yn llwyddiannus? Sut?

- Oedd eich sgiliau wedi gwella yn ystod y broses gyfansoddi? Sut oedd hyn wedi helpu yn y broses gyfansoddi?

- Beth oedd barn pobl eraill o'ch darn?

- Pa mor effeithiol oedd y cyfansoddiad terfynol? Rhowch resymau dros eich ateb.

- Ydy'r syniadau cerddorol wedi'u cydbwyso'n glir? Ydy'r cynnwys yn ddiddorol? Beth oedd yn eich plesio?

- Wnaethoch chi'r defnydd gorau o TGCh? Pa fath o ansawdd oedd i'r recordiad terfynol?

- Pa welliannau pellach y byddech chi'n eu gwneud pe bai mwy o amser gyda chi?

- Ydych chi'n credu eich bod chi wedi dangos rheolaeth dechnegol o'r adnoddau a'r elfennau cerddorol? Sut?

 Cofiwch

Gall **eich ATHRO** weld un drafft, ond nid yw'n gallu rhoi unrhyw adborth ysgrifenedig. Byddwch chi'n cael cyngor cyffredinol, ond ni fyddwch chi'n cael awgrymiadau penodol ar sut i wella'r cynnwys.

Yn olaf, bydd y gwerthusiad yn cael ei ddilysu gan yr athro i gadarnhau mai eich gwaith chi yw'r cyfan.

PENNOD 7: PERFFORMIO

Beth mae angen i mi ei wybod?

▶ Mae angen i chi berfformio lleiafswm o ddau ddarn.
▶ Mae'r lefel sylfaenol sy'n ofynnol yn cyfateb yn fras i radd 3 mewn arholiadau cerddoriaeth graddedig.
▶ Mae angen i'r perfformiad fod rhwng pedair a chwe munud.
▶ Mae'n rhaid i un o'ch darnau fod yn ddarn ensemble sy'n para am o leiaf munud.
▶ Gall y darn arall fod yn unawd neu'n ensemble.
▶ Mae'n rhaid i un darn fod yn gysylltiedig â maes astudio: bydd yn rhaid i chi gynnwys nodyn rhaglen i gyd-fynd â'r darn hwn.
▶ Mae'n rhaid i chi gyflwyno sgôr neu daflen arweiniol ar gyfer pob darn y byddwch chi'n ei berfformio.

Cofiwch: Amseru eich darnau.
- Os bydd eich perfformiad yn fyrrach na phedair munud, byddwch chi'n colli **5 marc**.
- Os bydd eich perfformiad yn fyrrach na thair munud a hanner, ni fyddwch chi'n cael **UNRHYW** farciau.

Mae cerddoriaeth yn gelfyddyd perfformio. I lawer, mwynhau perfformio yw'r prif reswm dros ddewis y cwrs hwn; i eraill, mae perfformio'n brofiad anodd. Yn ystod eich cwrs TGAU Cerddoriaeth bydd eich athro wedi eich annog i berfformio mor aml â phosibl – yn y dosbarth, ar eich pen eich hun ac mewn grwpiau (bach a mawr).

Dyma eich targedau:
- gwella eich techneg ymarferol a dod yn fwy medrus
- gwella eich gallu i gyfathrebu drwy eich cerddoriaeth
- manteisio ar bob cyfle i berfformio gydag eraill, ac o flaen eraill.

Rydych chi'n gwybod bod rhaid i chi ymarfer eich darnau – ond cofiwch fod angen i chi ymarfer perfformio hefyd. Mae'n golygu tipyn mwy na dim ond chwarae/canu yr holl nodau yn y lle cywir ar yr adeg gywir. I ennill y marciau uchaf, mae angen i chi berfformio gyda theimlad a rhwyddineb, gyda sensitifrwydd a hyder, a gan roi sylw bob amser i gyfarwyddiadau perfformio.

Bydd eich athro yn recordio ac yn asesu eich perfformiadau, a bydd angen iddyn nhw gadw copi o'r sgôr neu'r daflen arweiniol. Bydd sampl o'r gwaith o'ch dosbarth TGAU Cerddoriaeth yn cael ei anfon i'w gymedroli gan y bwrdd arholi, ac mae'n ddigon posibl y gallai eich gwaith chi gael ei gynnwys yn y sampl hwn.

ADRAN 2 CYFANSODDI A PHERFFORMIO

Dewis cerddoriaeth i'w pherfformio

Mae'n rhaid i chi fod yn ofalus iawn wrth ddewis pa gerddoriaeth i'w pherfformio. Mae'n rhaid i'r cynnwys fod yn addas; gofynnwch am gyngor gan eich athro dosbarth, a'ch tiwtor cerdd preifat neu beripatetig. Y peth pwysig i'w gofio yw bod yr athrawon hyn yn gwybod yn union beth yw'r meini prawf asesu, sef y gofynion a'r safonau a ddefnyddir i feirniadu eich perfformiad.

Os ydych chi'n gerddor 'pop', efallai y byddwch chi eisiau perfformio eich hoff ganeuon, ond mae'n bosibl nad yn yr asesiad TGAU Cerddoriaeth ymarferol fydd y lle gorau i wneud hynny. Mae rhai sy'n chwarae offerynnau cerddorfaol, neu bianyddion, yn aml yn dewis darnau sy'n rhy anodd; gallech chi ennill marciau uwch drwy chwarae darn symlach.

Lefel anhawster

Mae safon perfformio TGAU Cerddoriaeth yn cyfateb yn fras i radd 3 mewn arholiadau cerdd graddedig.

Cofiwch

Os byddwch chi'n perfformio darn sy'n is na safon gradd 3, bydd hynny'n cael ei ystyried yn 'haws na'r lefel safonol' a byddwch chi'n colli rhai marciau.

Os byddwch chi'n perfformio darn o gerddoriaeth sy'n uwch na safon gradd 3, bydd hynny'n cael ei ystyried yn 'fwy anodd na'r lefel safonol' a byddwch chi'n ennill rhai marciau ychwanegol.

Mae'r grid asesu â'r meini prawf asesu wedi'i gynnwys yn y fanyleb TGAU Cerddoriaeth, sydd ar gael ar y we neu gan eich athro.

> ⭐ **Awgrym adolygu**
>
> Os byddwch chi'n penderfynu peidio â pherfformio darn ar gyfer gradd benodol, neu os ydych chi'n seilio eich perfformiad ar dechnoleg, bydd yn rhaid i chi ofyn i'ch athro am arweiniad o ran y safon.

> ✅ **Cyngor**
>
> Byddwch chi'n ennill y marciau gorau os byddwch chi'n dewis darn sydd ar y lefel gywir i chi.
>
> Byddwch chi'n cael eich asesu ar sail:
>
> **Cywirdeb**
> **Rheolaeth dechnegol**
> **Mynegiant a dehongliad**
>
> Dyma'r cyngor gorau y gallwch chi ei gael: peidiwch â dewis darnau sy'n rhy uchelgeisiol. Mae'n well cynnig darnau y gallwch chi eu perfformio i lefel dda iawn, i arddangos dealltwriaeth dechnegol a mynegiannol, yn hytrach na rhoi perfformiad gweddol o ddarn sy'n amlwg yn rhy heriol i chi. Os ydych chi wedi ystyried chwarae darn sy'n cynnwys adrannau heriol – ailystyriwch. Yr adrannau hyn fydd yr union adrannau y byddwch chi'n baglu drostyn nhw ar y diwedd.
>
> Nid yw'r aseswr yn gallu dyfarnu marciau i ymgeisydd am fod yn barod i 'roi cynnig arni' – nid eich potensial o ran gallu sydd dan sylw. Byddwch chi'n ennill marciau am yr hyn rydych chi wedi'i berfformio, nid am eich potensial, nac am y ffordd y gallech chi fod wedi perfformio ar ddiwrnod da.

Cysylltu un darn i faes astudio

Mae modd i chi gysylltu unrhyw un o'ch darnau i un o'r meysydd astudio. Gall fod yn ddarn unawdol neu'n ensemble. Gallwch chi ddewis unrhyw un o'r pedwar maes astudio – cewch chi benderfynu. Mae enghreifftiau yn y tabl sy'n dilyn.

PENNOD 7: PERFFORMIO

Maes Astudio 1: Ffurfiau a dyfeisiau cerddorol

- Darn sy'n rhoi sylw arbennig i ddyfais gyfansoddi, e.e. dilyniant, efelychiant, arpeggio, gweadau 2, 3 neu 4 rhan, alaw a chyfeiliant, etc.
- Darn wedi'i ysgrifennu ar ffurf benodol, e.e. ffurfiau dwyran, teiran, rondo, amrywiadau neu stroffig
- Darn wedi'i ysgrifennu yn Nhraddodiad Clasurol y Gorllewin, e.e. Baróc, Clasurol, Rhamantaidd

Maes Astudio 2: Cerddoriaeth ar gyfer ensemble

- Unrhyw ddarn o'r traddodiad cerddoriaeth siambr, e.e. trio, deuawd, pedwarawd (hyd at wythawd) o Draddodiad Clasurol y Gorllewin
- Ensemble sydd yn drefniant o unrhyw gerddoriaeth sy'n gysylltiedig â theatr gerdd
- Unrhyw drefniant cerddorol sy'n adlewyrchu'r genres jazz a'r/neu'r blues

Maes Astudio 3: Cerddoriaeth ffilm

- Perfformiad o unrhyw gerddoriaeth a ddefnyddiwyd mewn ffilm, e.e. cân neu drefniant o unrhyw ddarn sy'n gysylltiedig â ffilm
- Trefniant addas o unrhyw gerddoriaeth a gyfansoddwyd yn benodol ar gyfer ffilm

Maes Astudio 4: Cerddoriaeth boblogaidd

- Unrhyw ddarn i grŵp o unrhyw genre o gerddoriaeth boblogaidd, e.e. roc, soul, reggae, baled bop, hip-hop, etc.

Ble gallaf ddod o hyd i ddarnau addas?

Unawd

- ✓ Associated Board of the Royal School of Music (ABRSM)
- ✓ Trinity College London
- ✓ Trinity College Rock and Pop
- ✓ Rock School
- ✓ Unawdau 'pop' lleisiol

Ensemble

- ✓ Trinity College Rock and Pop
- ✓ Rock School (ar gael ar Graddau 3, 5 ac 8 ar gyfer gitâr drydan, gitâr fas a chit drymiau)
- ✓ Rock Your School Music (Rhinegold Education)
- ✓ Darnau lleisiol (gyda harmonïau ychwanegol)
- ✓ ABRSM Music Medals (e.e. 'Keyboards Together')

Dechreuwch drwy feddwl am y math o gerddoriaeth, ac arddull y gerddoriaeth rydych chi eisiau ei pherfformio, yna cyflwynwch ddetholiad o ddarnau i'ch athro. Mae'n syniad da cyflwyno tri darn: yr un y byddech chi'n hoffi ei berfformio, darn symlach – rhag ofn bod y darn cyntaf yn rhy heriol i chi – a thrydydd darn wrth gefn – rhag ofn bod y ddau ddarn cyntaf yn anaddas.

Dewiswch ddarn sy'n arddangos eich doniau yn dda – darn sy'n cynnwys amrywiaeth, ac sydd felly yn eich galluogi i arddangos eich gallu ymarferol. O brofiad, bydd myfyrwyr yn cyrraedd safon uwch wrth berfformio darn

 Cyngor

Mae'n llawer gwell perfformio darn lle mae sgôr ar gael. Os oes angen i chi baratoi eich taflen arweiniol eich hun, bydd yn rhaid i'r daflen honno fod yn fanwl a chynnwys cymaint o wybodaeth gerddorol â phosibl. Dyma'r unig ffordd i aseswr feirniadu cywirdeb eich perfformiad.

 Cofiwch

Gall perfformiadau lleisiol gynnwys rapio, perfformio fel MC a bîl-bocslo. Os yw un o'r uchod o ddiddordeb arbennig i chi, gweithiwch yn galed i greu argraff. Ystyriwch eich ynganiad, a sut i ddefnyddio eich llais, eich anadl ac unrhyw effeithiau lleisiol i ddangos rheolaeth ar y cynnwys, gan gynnwys y patrymau rhythmig.

ADRAN 2 CYFANSODDI A PHERFFORMIO

cyfarwydd iawn yn hytrach na darn newydd maen nhw'n dal i geisio ymdopi ag ef. Pan fyddwch chi'n gyfforddus â'r nodau (y traw a'r rhythm) ac wedi meistroli'r sgiliau technegol angenrheidiol, gallwch chi ganolbwyntio ar y mynegiant a'r dehongliad er mwyn rhoi perfformiad cerddorol mwy trawiadol.

Edrychwch ar y we am ddiwtorialau bît-bocsio a rapio neu raglenni dogfen a allai fod o ddiddordeb ac o gymorth i chi. Mae llawer ohonyn nhw ar YouTube, er enghraifft.

Perfformio eich cyfansoddiad eich hun

Gallai hyn apelio at rai myfyrwyr, yn enwedig y cantorion-gyfansoddwyr sy'n cyfeilio iddyn nhw eu hunain ar y piano neu'r gitâr.

Ni ddylech chi ddewis yr opsiwn hwn oni bai mai hwn yw'r un gorau i chi a'i fod yn eich galluogi i arddangos eich sgiliau perfformio ar y lefel uchaf posibl.

Ensemble

Yn yr arholiad ensemble mae'n **rhaid** i bawb berfformio fel rhan o ensemble. Gallwch chi gyflwyno eich holl ddarnau ar ffurf ensemble os dymunwch.

Dyma'r rheolau ar gyfer yr ensemble:

- mae'n rhaid iddo gynnwys rhwng dau ac wyth perfformiwr
- ni ddylai fod yn debyg i unawd â chyfeiliant
- mae'n rhaid iddo gynnwys perfformiad gennych chi yn chwarae rhan nad yw'n cael ei dyblu.

Pwysig

Os yw'r darn yn swnio fel unawd â chyfeiliant, ni fydd yn cael ei ystyried yn ddarn ensemble addas. Dewiswch rywbeth arall.

Awgrym adolygu

Defnyddiwch fetronom i gynnal y curiad.

Cofiwch

Dyblu yw pan fydd rhywun yn chwarae'r un rhan â chi.

PENNOD 7: PERFFORMIO

> **Pwysig**
>
> Does dim rhaid i aelodau eraill eich ensemble fod yn sefyll yr arholiad TGAU Cerddoriaeth. Fodd bynnag, os ydyn nhw i gyd yn aelodau o'ch dosbarth cerddoriaeth, gallwch chi ymarfer yn ystod amser y wers (os yw'r athro yn caniatáu hynny).

Rhestr wirio

- Ydy'r holl rannau'n cael eu perfformio'n gywir?
- Oes cydbwysedd da rhwng y rhannau i gyd? Oes unrhyw un o'r rhannau yn cael ei lethu gan y rhannau eraill?
- Ydy'r darn yn para munud o leiaf?

Gallai fod yn werth gwirio bod y gerddoriaeth rydych chi wedi'i dewis ar gyfer yr ensemble yn briodol ar gyfer yr asesiad. Ystyriwch y cyngor canlynol gan y bwrdd arholi – mae'n ganllaw defnyddiol iawn.

Ydy eich darn yn addas ar gyfer perfformiad ensemble ar lefel TGAU?

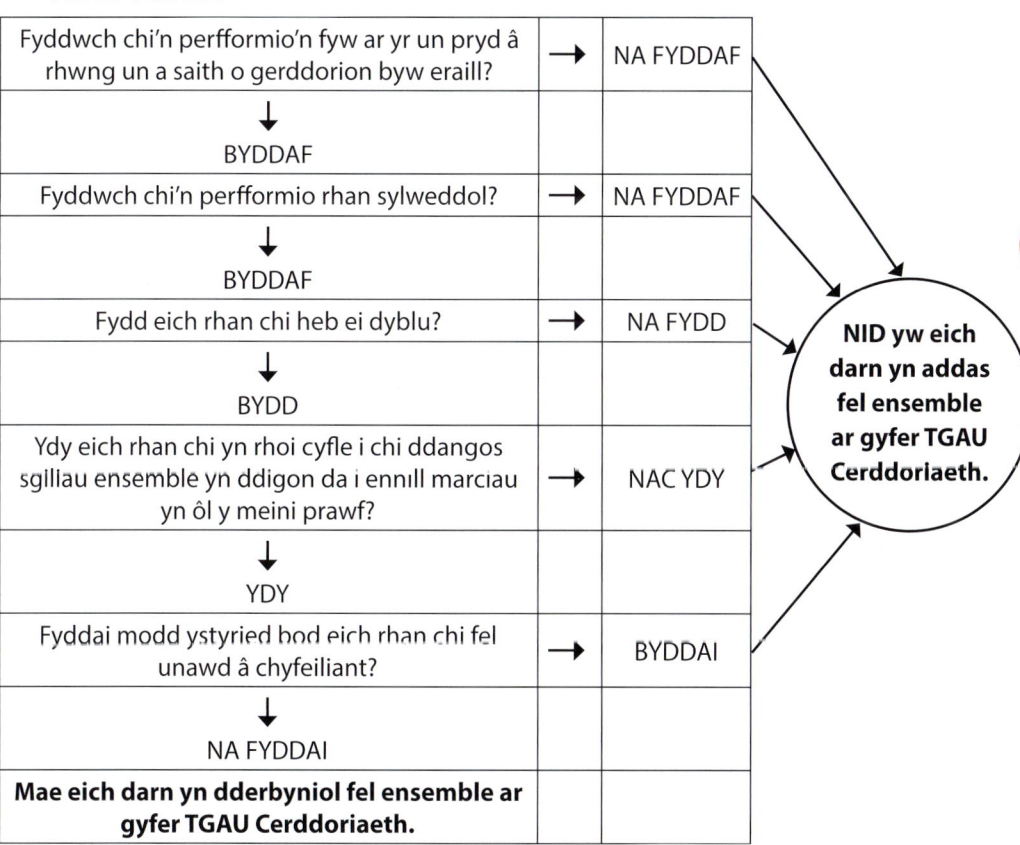

 Cyngor

Mae ychydig mwy o farciau ar gael os ydych chi'n gallu ymdopi â cherddoriaeth fwy anodd yn rhwydd ac yn llwyddiannus.

 Cofiwch

- Gwnewch yn siŵr bod y darn yn ddewis da i chi. Gwiriwch hyn gyda'ch athro dosbarth.
- Recordiwch eich gwaith a gwrandewch ar y recordiad. Fel grŵp, nodwch yr hyn sydd angen ei wneud er mwyn gwella'r perfformiad.

 Cyngor

Er nad oes rhaid i chi gadw at un offeryn neu lais yn unig, fyddwch chi ddim yn ennill unrhyw farciau ychwanegol am ddangos eich bod chi'n gallu troi eich llaw at fwy nag un offeryn, neu eich bod chi'n gallu canu yn ogystal â chwarae. Os ydych chi'n cyrraedd yr un safon ar sawl offeryn, mae hynny'n iawn; ond mewn gwirionedd, mae'r rhan fwyaf o fyfyrwyr yn well neu yn fwy hyderus wrth chwarae un offeryn (neu wrth ganu) – a dyna ddylech chi ddewis ei wneud ar gyfer yr asesiad. Perfformiwch yn y ffordd fydd yn ennill y mwyaf o farciau i chi.

Unawd

Gallwch chi ddewis perfformio darn unawdol. Gall fod yn ddarn digyfeiliant neu'n ddarn â chyfeiliant, ond os oes cyfeiliant yn bodoli, mae'n werth cofio y dylech chi berfformio'r darn fel roedd y cyfansoddwr wedi'i fwriadu.

ADRAN 2 CYFANSODDI A PHERFFORMIO

Bydd cyfeiliant yn rhoi mwy o gynhaliaeth ac yn help i gadw'r donyddiaeth. Dylech chi ymarfer mor aml â phosibl gyda'r cyfeilydd, o flaen eraill. Wrth gwrs, gallwch chi ddefnyddio trac cyfeiliant wedi'i recordio o flaen llaw os dymunwch chi, a bydd hynny'n gwbl dderbyniol. Gallech chi hefyd gyfeilio i chi'ch hun – os mai dyna sut rydych chi'n perfformio fel arfer, ac os ydych chi'n gallu gwneud hynny yn gyfforddus ac yn hyderus.

Chwarae'n fyrfyfyr

Dyma'r grefft o greu cerddoriaeth 'yn y fan a'r lle', h.y. perfformio a chyfansoddi ar yr un pryd. Gallwch chi baratoi'r darn byrfyfyr cyn y recordiad, ac mae'n rhaid i'ch darn ymateb i ysgogiad. Mae'n dasg sy'n dipyn o her, ond yn addas i fyfyrwyr sydd â chlust dda, ac sy'n gallu creu syniadau cerddorol sydd yn argyhoeddi yn gyflym. I ennill marciau uchel, mae'n rhaid i'ch perfformiad wneud synnwyr cerddorol a rhaid i chi berfformio â rhwyddineb.

Bydd rhai myfyrwyr yn mwynhau defnyddio syniadau melodig wrth chwarae'n fyrfyfyr. Bydd yn well gan eraill weithio gan ddefnyddio dilyniad cordiau i lywio eu syniadau. Defnyddio'r glust – neu gadw at gordiau? Mae'n siŵr mai'r senario orau yw cymysgedd o'r ddau.

Awgrym adolygu

Mae perfformio â rhwyddineb (*fluency*) yn golygu eich bod chi'n perfformio heb oedi neu stopio oherwydd gwallau yn y perfformiad.

Cofiwch

Mae'n rhaid rhoi copi o'r ysgogiad i'r aseswr.

Cofiwch

Os ydych chi'n ddrymiwr, gallwch chwarae'n fyrfyfyr ar batrwm rhythmig.

Beth gallwn i ei ddefnyddio fel ysgogiad?

Dyma rai awgrymiadau i chi eu hystyried:

Dilyniannau cordiau (enghreifftiau amrywiol)	Graddfeydd (gydag enghreifftiau ar C)
D A Bm G	Unrhyw raddfa fwyaf, e.e. C D E F G A B C
C G/D C/E F G F/A G/B C (llinell fas esgynnol)	Unrhyw raddfa leiaf, e.e. C D Eb F G Ab B C
	Y raddfa bentatonig fwyaf, e.e. C D E G A
C G/B Am Am/G F C/E Dm7 C (llinell fas ddisgynnol)	Y raddfa bentatonig leiaf, e.e. C Eb F G Bb
C G/B Am F Fm C	Graddfa blues, e.e. C Eb F Gb G Bb C
Dm7 G7 Cmaj7 Fmaj7 Bm7(b5) E7 Am7	Moddau jazz mwyaf/lleiaf, e.e. C D Eb F G Ab Bb (Aeolaidd)
B♭ C7 Cmin7 F7 B♭	Y raddfa be-bop, e.e. C D E F G Ab A B C (Graddfa be-bop C fwyaf)

Dilyniad blues 12-bar nodweddiadol

D7 (I)	G7 (IV)	D7 (I)	D7 (I)
G7 (IV)	G7 (IV)	D7 (I)	D7 (I)
A7 (V)	G7 (IV)	D7 (I)	A7 (V)*

*Gorffen chwarae'n fyrfyfyr ar D (I)

Technoleg

Os ydych chi'n hoffi DJ-io neu ddilyniannu, gallai'r opsiwn hwn fod yn addas i chi. Bydd eich athro yn gallu eich cynghori ynghylch pa fath o gerddoriaeth sy'n addas. Yn yr achos hwn hefyd, mae'n rhaid i chi roi taflen arweiniol i'r aseswr sy'n esbonio'r holl fanylion cerddorol perthnasol, gan gynnwys rhythm, tempo a chyfarwyddiadau perfformio (yn ogystal â manylion unrhyw draciau cyfeiliant). Fel yr holl opsiynau eraill, mae'n rhaid i chi ddangos dealltwriaeth o'r arddull, a chreu cydbwysedd cerddorol a chyfathrebu'n effeithiol drwy drin y ffynonellau sain, ansawdd tôn, effeithiau a mwyhad.

DJ-io
- Bydd angen i chi arddangos cyfuniad o sgiliau technegol fel cydamseru curiadau, crafu, graddoli, cymysgu curiadau/jyglo, defnyddio croes-raddolwr, troellfyrddu, hafalydd (EQ) ac effaith (FX).
- Gallwch chi ddefnyddio unrhyw gyfarpar rydych chi'n gyfarwydd ag ef, gan gynnwys CDau a gliniadur.
- Sicrhewch fod y daflen arweiniol yn cyflwyno'r wybodaeth gerddorol angenrheidiol. Gallwch chi gyflwyno hyn mewn tabl sy'n dangos strwythur cyffredinol eich syniadau.

Dilyniannu
- Dylech chi ddewis trac offerynnol neu gân addas, a rhoi'r rhannau mewn dilyniant ar gyfrifiadur i greu trac cyfeiliant. I ennill marc uwch, ystyriwch greu o leiaf tair rhan er mwyn cyflwyno digon o gynnwys.
- Rhaid i chi wedyn berfformio un rhan yn 'fyw' ar gyfer eich asesiad perfformio.
- Ar gyfer yr asesiad grŵp (yr ensemble) rhaid i chi berfformio'n 'fyw' gyda pherfformiwr arall, yn erbyn y trac cyfeiliant sydd wedi'i ddilyniannu.
- Bydd angen i chi arddangos defnydd a rheolaeth o FX a quantise, cynnwys pob effaith perfformio, a chyflwyno'r deunydd cerddorol ar ffurf tabl sy'n dilyn adeiledd amlinellol y gerddoriaeth.
- Dangoswch fod gennych chi'r sgiliau ymarferol angenrheidiol i berfformio'r rhan 'fyw'.

Gwybod beth sy'n cael ei asesu

Cywirdeb:
- Ydy'r nodau a'r rhythmau'n gywir?
- Ydy'r perfformiad yn dangos rhwyddineb?
- Oes tempo priodol yn cael ei gynnal drwy'r darn?
- Ydy'r holl gyfarwyddiadau perfformio yn cael eu dilyn yn gywir?

Rheolaeth dechnegol
- Ydy'r dechneg offerynnol/leisiol yn sicr drwy'r darn?
- Ydy'r rheolaeth ar y dôn yn dda?
- Ydy'r cyferbyniadau'n gweddu i'r gerddoriaeth?
- Ydy'r perfformiad wedi'i alldaflu'n dda?

ADRAN 2 CYFANSODDI A PHERFFORMIO

Mynegiant a dehongliad
- Ydy'r perfformiad yn fynegiannol?
- Ydy'r perfformiad yn arddulliadol?
- Ydy'r gerddoriaeth yn cael ei chyfathrebu'n effeithiol â'r gynulleidfa?
- Ydy'r perfformiad yn yr ensemble yn gytbwys ac yn dangos perthynas rhwng yr holl berfformwyr?
- Lle bo'n briodol, ydy'r cydbwysedd rhwng cerddoriaeth fyw a thraciau wedi'u recordio o flaen llaw yn effeithiol?

Recordio ac asesu

Bydd yn rhaid i chi berfformio eich gwaith o flaen eich athro cerddoriaeth, a fydd yn asesu eich perfformiadau ac yn dilysu eich gwaith.

O safbwynt cadarnhaol ...

- Gallwch chi berfformio a recordio eich darnau unrhyw bryd yn ystod y flwyddyn academaidd y byddwch chi'n cael eich asesu.
- Nid oes rhaid i chi berfformio'r holl ddarnau ar yr un diwrnod.
- Gallwch chi ailadrodd y perfformiad os ydych chi'n credu eich bod chi'n gallu ei wella – ond bydd yn rhaid i chi berfformio'r darn cyfan ar bob ymgais.

Sut gallaf baratoi ar gyfer yr asesiad ymarferol?				
Ymarfer, ymarfer, ymarfer Gosodwch derfynau amser i chi'ch hun a chadwch atyn nhw	Nodwch gyngor ac awgrymiadau eich athro ar gyfer gwella bob tro	Blaengynlluniwch – peidiwch â gadael popeth tan y funud olaf	Ceisiwch ennill profiad o berfformio o flaen cynulleidfa – teulu, ffrindiau, aelodau eraill y dosbarth, yn yr ysgol. Bydd hyn yn rhoi mwy o hyder i chi	Os oes modd, gwrandewch ar recordiadau 'proffesiynol' o'r darnau a ddewiswyd gennych
Ar ôl i chi feistroli'r nodau a'r rhythmau, rhowch sylw i'r cyfarwyddiadau perfformio yn y gerddoriaeth	Anelwch at berfformiad cywir o'ch darnau	Lluniwch amserlen ymarfer a chadwch ati Mae'n well ymarfer am gyfnod byr yn aml	Ewch i'r arfer â chwarae neu ganu eich darnau o'r dechrau i'r diwedd heb stopio	Tiwniwch eich offeryn cyn perfformio Ensemble – chwaraewch raddfeydd gyda'ch gilydd cyn dechrau i sicrhau cysondeb rhwng yr offerynnau o ran y tiwnio
Recordiwch eich hun yn perfformio – safonwch waith y naill a'r llall	Pianyddion – defnyddiwch y piano y byddwch chi'n ei ddefnyddio ar gyfer yr asesiad i ymarfer, er mwyn dod yn gyfarwydd ag ef	Dylech chi ymarfer adrannau o'r darn i ddechrau – yna rhowch y cyfan at ei gilydd er mwyn gallu perfformio'r darn cyfan gyda rhwyddineb	Defnyddiwch fetronom wrth ymarfer os yw hynny o gymorth i chi	Gwiriwch pa mor hir yw eich darnau – ydyn nhw'n bedair munud o hyd gyda'i gilydd?
Trefnwch ddigon o ymarferion gyda'ch cyfeilydd	Nodwch a chywirwch broblemau fel nodau anghywir, y ffordd rydych chi'n dal eich dwylo, eich anadl, y defnydd o'r pedal, etc.	Canolbwyntiwch ar yr adrannau anodd a'u perffeithio Byddwch yn amyneddgar – arfer yw mam pob meistrolaeth	Gwnewch yn siŵr bod eich cerddoriaeth yn barod ac mewn trefn cyn yr asesiad ei hun, h.y. sgorau/taflenni arweiniol/traciau sain Dim panig munud olaf	Cynheswch o flaen llaw Canwch neu chwaraewch raddfeydd neu ymarferion byr

Recordio eich perfformiadau

Mae'n hollol naturiol i chi deimlo ychydig yn nerfus cyn recordio eich darnau. Peidiwch â phoeni – gall hynny fod yn beth da weithiau. Mae eich athro yn deall y sefyllfa, a bydd yn rhoi ychydig funudau i chi setlo a chael popeth yn barod. Mae modd cynnal y recordiad fel arholiad confensiynol, neu ei gwblhau yn ystod y wers neu amser cinio; does dim ots ble na phryd y bydd y recordiad yn digwydd, cyn belled â bod y recordiad o ansawdd da, a bod eich athro yn bresennol.

Cadwch yn bositif a cheisiwch ddal ati os ydych chi'n gwneud camgymeriad. Dyma eich cyfle i ddangos eich doniau.

Cyfeiriwch eich egni nerfol i mewn i'r perfformiad – mae hyn yn aml yn cynyddu eich ymwybyddiaeth a'ch gallu i ganolbwyntio. Atgoffwch eich hun eich bod chi'n gwybod y gerddoriaeth, ac yn ei gwybod yn dda. Peidiwch â chynhyrfu, rheolwch eich anadlu, a chanolbwyntiwch ar y gerddoriaeth.

Os ydych chi wedi gwneud yr holl waith caled o flaen llaw, byddwch chi'n mwynhau'r hyn rydych chi'n ei chwarae.

Ysgrifennu nodiadau rhaglen

Rhaid i chi gyflwyno nodiadau rhaglen ar gyfer y darn sydd wedi'i gysylltu â maes astudio.

Y GWERSLYFR: tudalennau 202–205

Cofiwch

Pethau i'w cofio wrth lunio eich nodiadau rhaglen:

- Mae'n rhaid ysgrifennu rhwng 500 a 1,000 o eiriau.
- Mae'n rhaid mai chi a neb arall sydd wedi gwneud yr holl waith, gydag arweiniad a chefnogaeth yr athro.
- Does dim rhaid cwblhau'r gwaith yn y dosbarth.
- Rhaid i'ch athro weld un drafft, ond adborth cyffredinol (h.y. nid adborth ysgrifenedig ffurfiol) y bydd yn ei roi.
- Bydd ansawdd y cyfathrebu ysgrifenedig **yn cael ei asesu**, felly rhaid i chi wirio eich gwaith yn ofalus iawn.

Mae canllawiau clir ynglŷn â'r hyn y mae angen i chi ei gynnwys yn y nodiadau rhaglen. Bydd angen i chi ymchwilio i'r darn, gan ddysgu ychydig am y cefndir a'r cyfansoddwr.

Gallai'r cynllun isod fod yn ddefnyddiol fel canllaw ar beth i'w gynnwys.

Adran 1
- ✓ Dylech chi gynnwys enw a dyddiadau'r cyfansoddwr, a'r math o gerddoriaeth roedd yn enwog am ei gyfansoddi.
- ✓ Pryd cafodd y darn ei gyfansoddi?
- ✓ Manylion y perfformiad cyntaf.
- ✓ Esboniwch y cysylltiad rhwng y darn a'r maes astudio perthnasol (dylech chi gynnwys unrhyw bwyntiau ychwanegol o ddiddordeb a allai fod yn berthnasol).

ADRAN 2 CYFANSODDI A PHERFFORMIO

Adran 2

✓ Dewiswch dair neu fwy o'r elfennau cerddorol amlwg, a rhowch esboniad **manwl** o sut maen nhw'n cael eu defnyddio yn y darn. Gallech chi ddechrau drwy ddisgrifio adeiledd cyffredinol y darn, gan roi rhifau bar yr adrannau. Er enghraifft:

- Adran A (barrau 1–16)
- Adran B (barrau 17–32)
- Ailadrodd Adran A (barrau 33–48)

Rhai awgrymiadau:

YR ALAW – Gallech chi esbonio:

- adeiledd y thema
- adeiledd y brawddegau
- y defnydd o symudiad cysylltiol
- y defnydd o symudiad digyswllt a chyfyngau
- sut caiff yr alaw ei hamrywio neu ei chyferbynnu (codi neu ostwng y traw os yw'n briodol).

Y RHYTHM – Gallech chi ddisgrifio'r canlynol:

- yr arwydd amser (a'r hyn y mae'n ei olygu)
- beth yw gwerth y nodau sy'n cael eu defnyddio
- nodweddion sydd o ddiddordeb arbennig (e.e. patrymau cymhleth, tripledi, trawsacennu, rhythmau dotiog, cymysgu curiadau, os yw'n briodol).

YR HARMONI – Gallech chi gynnwys manylion am y canlynol:

- cywair y darn ac unrhyw drawsgyweiriadau (h.y. newid cywair)
- natur gyffredinol yr harmoni (h.y. diatonig, cromatig, anghyseiniol)
- y mathau o gordiau sy'n cael eu defnyddio (7fedau, gwrthdroeon)
- unrhyw ddilyniadau cordiau arwyddocaol (gan gynnwys diweddebau)
- unrhyw nodweddion sydd o ddiddordeb arbennig (e.e. y defnydd o foddau, graddfa blues, neu nodau blue, y raddfa bentatonig, etc.).

Y GWEAD – Gallech chi ddisgrifio'r canlynol:

- y prif wead (e.e. homoffonig, alaw a chyfeiliant)
- unrhyw ffyrdd diddorol y gallai'r cyfansoddwr fod wedi amrywio'r gwead (e.e. efelychiant, galw ac ateb, harmonïau lleisiol agos, defnyddio haenu, unrhyw weadau 2, 3 neu 4 rhan, unsain, cyfalawon, canon, etc.)
- y defnydd o effeithiau (technoleg cerdd).

Adran 3

Ystyriwch ofynion technegol y darn wrth ei berfformio.

Bydd hyn yn cynnwys unrhyw heriau yn y darn o ran:

- ✓ y tempo
- ✓ dynameg ac unrhyw amrywio o ran dynameg
- ✓ rheolaeth ar yr anadl (os yw'n briodol)
- ✓ adrannau cerddorol cymhleth (rhythmau dyrys, rhannau technegol anodd, adrannau a cappella)
- ✓ gweithredu cyfarwyddiadau perfformio a chynanu'r gerddoriaeth (trin y bwa, y defnydd o legato neu staccato yn y darn, nodau acennog, brawddegau, atal dwbl, glissandi, etc.)
- ✓ y cydbwysedd rhwng y rhannau (gan gynnwys y cyfeiliant).

Awgrym adolygu

- Peidiwch â chynnwys gwerthusiad o'ch perfformiad chi o'r darn.
- Gwiriwch eich gwaith yn ofalus er mwyn sicrhau ei fod yn gywir o safbwynt gramadeg, atalnodi a sillafu.

ATEBION A AWGRYMIR

ATEBION I'R GWEITHGAREDDAU

PENNOD 1

Gweithgaredd 1.1

A1 Uchaf – nodyn 5 (G); isaf – nodyn 1 (A); canol – nodyn 3 (D)

A2 Uchaf – nodyn 1 (E♭); isaf – nodyn 4 (F); canol – nodyn 3 (C)

A3 Uchaf – nodyn 2 (D#); isaf – nodyn 1 (A); canol – nodyn 4 (G)

A4 Uchaf – nodyn 5 (F); isaf – nodyn 1 (D); canol – nodyn 3 (E♭)

A5 Uchaf – nodyn 3 (F); isaf – nodyn 2 (E); canol – nodyn 4 (B)

A6 Uchaf – nodyn 5 (D); isaf – nodyn 2 (E); canol – nodyn 4 (E)

A7 Uchaf – nodyn 5 (G); isaf – nodyn 4 (D); canol – nodyn 1 (F)

A8 Uchaf – nodyn 5 (F); isaf – nodyn 2 (A); canol – nodyn 3 (E♭)

A9 Uchaf – nodyn 2 (D); isaf – nodyn 4 (E); canol – nodyn 1 (B)

A10 Uchaf – nodyn 5 (A); isaf – nodyn 3 (F); canol – nodyn 1 (G)

A11 Uchaf – nodyn 2 (E); isaf – nodyn 1 (E); canol – nodyn 4 (G)

A12 Uchaf – nodyn 5 (F#); isaf – nodyn 4 (B); canol – nodyn 1 (D)

B1 Uchaf – nodyn 2; isaf – nodyn 4
B2 Uchaf – nodyn 3; isaf – nodyn 1
B3 Uchaf – nodyn 4; isaf – nodyn 2
B4 Uchaf – nodyn 1; isaf – nodyn 3
B5 Uchaf – nodyn 2; isaf – nodyn 3
B6 Uchaf – nodyn 3; isaf – nodyn 2
B7 Uchaf – nodyn 4; isaf – nodyn 3
B8 Uchaf – nodyn 4; isaf – nodyn 1
B9 Uchaf – nodyn 1; isaf – nodyn 4
B10 Uchaf – nodyn 3; isaf – nodyn 4

C1 Beethoven

C2 Tchaikovsky

C3 Mendelssohn

Gweithgaredd 1.2

A1 Byrraf – nodyn 2 (cwafer); hiraf – nodyn 3 (minim)

A2 Byrraf – nodyn 2 (crosiet); hiraf – nodyn 1 (minim dot)

A3 Byrraf – nodyn 3 (cwafer); hiraf – nodyn 2 (crosiet dot)

A4 Byrraf – nodyn 3 (hanner cwafer); hiraf – nodyn 1 (minim)

A5 Byrraf – nodyn 1 (crosiet); hiraf – nodyn 2 (minim)

A6 Byrraf – nodyn 2 (crosiet); hiraf – nodyn 1 (hanner brif)

B1 Amser syml (2/4 – vivace)
B2 Amser syml (3/4 – moderato e grazioso)
B3 Amser cyfansawdd (6/8 – allegro moderato)
B4 Amser syml (4/4 – andante)
B5 Amser cyfansawdd (6/8 – allegretto pastorale)

D1 Opsiwn 2
D2 Opsiwn 2
D3 Opsiwn 1

Gweithgaredd 1.3

A1 Digyswllt (mwyaf)
A2 Cysylltiol (mwyaf)
A3 Digyswllt (mwyaf)
A4 Cysylltiol (lleiaf)

B1 Anacrwsis, cymysgedd o symudiad cysylltiol a digyswllt
B2 Dilyniant, symudiad cromatig
B3 Symudiad cysylltiol, arddull ffanffer, defnyddio nodau'r tonydd a'r llywydd
B4 Syniadau arpeggio, naid wythfed, tril

Gweithgaredd 1.4

A1

Cord 1 ▶	Mwyaf	Cord 2 ▶	Lleiaf
Cord 3 ▶	Mwyaf	Cord 4 ▶	Lleiaf
Cord 5 ▶	Lleiaf	Cord 6 ▶	Mwyaf
Cord 7 ▶	Lleiaf	Cord 8 ▶	Mwyaf
Cord 9 ▶	Mwyaf	Cord 10 ▶	Mwyaf

B Dyfyniad 1 – Diatonig
Dyfyniad 2 – Anghyseiniol
Dyfyniad 3 – Diatonig
Dyfyniad 4 – Cromatig
Dyfyniad 5 – Anghyseiniol
Dyfyniad 6 – Cromatig

Gweithgaredd 1.5

A

Dyfyniad 1 ▶	Pentatonig
Dyfyniad 2 ▶	Mwyaf
Dyfyniad 3 ▶	Pentatonig
Dyfyniad 4 ▶	Lleiaf
Dyfyniad 5 ▶	Mwyaf

B Dyfyniad 1 – Y cywair lleiaf drwy'r darn
Dyfyniad 2 – Y cywair mwyaf drwy'r darn
Dyfyniad 3 – Yn trawsgyweirio o'r lleiaf i'r mwyaf
Dyfyniad 4 – Yn trawsgyweirio o'r mwyaf i'r lleiaf

ATEBION A AWGRYMIR

Gweithgaredd 1.6

A

Ffurf ddwyran	A B
Ffurf stroffig	A A A A A A etc.
Ffurf rondo	A B A C A
Ffurf cân 32-bar	A A B A
Ffurf deiran	A B A

B1 Anghywir
B2 Cywir
B3 Anghywir
B4 Cywir
B5 Anghywir
B6 Cywir

Gweithgaredd 1.7

A1 Nodyn cyntaf bar 8
A2 4ydd nodyn bar 2
A3 O far 5 (bar 7 hefyd)
A4 Bar 2 (bar 8 hefyd)

Gweithgaredd 1.8

OFFERYNNAU

1. Picolo
2. Piano, harpsicord, organ (+ syntheseiddydd, etc.)
3. Obo, cor anglais, basŵn
4. Mae mudydd yn cael ei ddefnyddio i addasu neu 'liwio'r' sain. Mae modd i'r chwaraewr newid y traw drwy symud ei wefusau a defnyddio'r falfiau (hefyd y falf lithr ar drombôn).
5. Pedwar: y llinynnau, y chwythbrennau, yr offerynnau pres a'r offerynnau taro
6. Drwy chwythu ar draws y twll ym mhen yr offeryn.
7. Gan ei bod yn cynnwys llawer mwy o dannau, sy'n cael eu tynnu – dydyn nhw byth yn cael eu chwarae â bwa.
8. Pan fydd y tannau'n cael eu chwarae heb bwyso'r bysedd ar y byseddfwrdd.
9. 4 fel arfer (weithiau defnyddir tant 5 a 6 hefyd)
10. Bydd band chwyth fel arfer yn cynnwys chwythbrennau yn bennaf (ac weithiau bydd offerynnau taro yn cael eu hychwanegu); mae cerddorfa yn cynnwys llinynnau, offerynnau pres, chwythbrennau ac offerynnau taro.
11. Pedwarawd llinynnol
12. Pan fydd tannau'n cael eu plycio ar offeryn llinynnol.
13. Gall offerynnau taro tiwniedig chwarae nodau ar drawiau gwahanol; ni all offerynnau taro di-draw wneud hynny.
14. Trawiad drwm lle bydd y ffon yn taro ymyl a phen y drwm ar yr un pryd.

LLEISIAU

1. Soprano
2. Bas
3. Soprano, Alto, Tenor, Bas
4. Mae cwmpas lleisiol bariton yn is na chwmpas tenor.
5. Mae cwmpas lleisiol soprano yn uwch na chwmpas contralto (alto).
6. Mezzo-soprano yw'r cwmpas lleisiol sydd rhwng soprano a chontralto o ran traw.
7. A cappella
8. Hymian
9. Falsetto
10. Rap
11. Melismataidd
12. Canu sgat
13. Y corws
14. Sillafog
15. Côr meibion

TECHNOLEG

1. *MIDI*
2. Syntheseiddydd
3. Ystumiant
4. Effaith lle bydd y sain sy'n cael ei gynhyrchu gan fwyhadur yn cael ei hadleisio ychydig.
5. Mae samplwr ychydig yn debyg i syntheseiddydd, ond mae'n defnyddio recordiadau sain (neu 'samplau') o seiniau offerynnau go iawn (e.e. piano, feiolin neu drwmped), neu ddyfyniadau o ganeuon wedi'u recordio (e.e. recordiad go iawn)
6. Cywir
7. Anghywir
8. Math o lifer sy'n cael ei ddefnyddio gyda gitâr sy'n ychwanegu **vibrato** at y sain drwy newid tensiwn y llinynnau (weithiau mae'n cael ei alw'n far 'whammy')
9. Mae effaith tremolo yn rhyw fath o effaith ataliol neu guriadol sy'n cael ei chreu ar y gitâr, lle bydd y symudiad a'r rhythm yn cael eu creu drwy amrywio osgled neu gryfder y signal – mae'r effaith ar gael ar lawer o fwyaduron, ac ar rai bocsys stomp. (Bydd pobl weithiau'n cymysgu hyn â vibrato, techneg lle bydd traw'r nodyn yn cael ei amrywio ychydig.)
10. Panio; cymysgu sain

Gweithgaredd 1.9

A1 Homoffonig
A2 Polyffonig
A3 Monoffonig
A4 Homoffonig
A5 Monoffonig
A6 Polyffonig

PENNOD 2

Gweithgaredd 2.1
1. lleiaf yn y safle gwreiddiol
2. cord B fwyaf
3. diweddeb berffaith yn E leiaf
4. cord 7fed ar ei 3ydd gwrthdro
5. cywasg

Gweithgaredd 2.2
1. Anghywir, Cywir, Cywir, Anghywir, Anghywir, Anghywir, Cywir
2. C#, E, G#, B
3. (a)
4. (b)
5. a = DD; b = C; c = A; ch = D; d = CH; dd = B

PENNOD 3

Gweithgaredd 3.4
1. **(a)** Opsiwn 3; 3/4; C fwyaf
   (b) Opsiwn 2; 2/4; D leiaf
   (c) Opsiwn 1; 4/4; E♭ fwyaf
   (ch) Opsiwn 2; 6/8; A fwyaf
   (d) Opsiwn 1; 4/4; A♭ fwyaf
   (dd) Opsiwn 3; 6/8; E leiaf
   (e) Opsiwn 1; 2/4; B♭ fwyaf
   (f) Opsiwn 1; 4/4; C# leiaf

Gweithgaredd 3.4 (yn parhau)

2. (a) Cyweiredd: mwyaf
   (b) Cyweiredd: lleiaf
   (c) Cyweiredd: mwyaf
   (ch) Cyweiredd: mwyaf
   (d) Cyweiredd: lleiaf
   (dd) Cyweiredd: mwyaf
   (e) Cyweiredd: mwyaf
   (f) Cyweiredd: lleiaf

ATEBION A AWGRYMIR

Mae'r ddiweddeb ym mar 2 yn amherffaith. Mae'r ddiweddeb ym mar 4 yn berffaith.

ATEBION A AWGRYMIR

5 (a) Cywair: E leiaf; deublyg cyfansawdd
(b) Cywair: C# leiaf; triphlyg syml
(c) Cywair: D leiaf; deublyg syml
(ch) Cywair: A leiaf; pedwarplyg syml
(d) Cywair: C leiaf; deublyg cyfansawdd
(dd) Cywair: F# leiaf; deublyg syml
(e) Cywair: A leiaf; triphlyg syml
(f) Cywair: F leiaf; pedwarplyg syml
(ff) Cywair: G leiaf; deublyg cyfansawdd
(g) Cywair: B leiaf; triphlyg syml

6 (i) Amen/Eglwysig; mwyaf
(ii) Perffaith; lleiaf
(iii) Amherffaith; mwyaf
(iv) Amen/Eglwysig; lleiaf
(v) Amherffaith; lleiaf
(vi) Annisgwyl; mwyaf
(vii) Perffaith; mwyaf
(viii) Amherffaith; mwyaf
(ix) Annisgwyl; mwyaf
(x) Amherffaith; lleiaf

ATEBION A AWGRYMIR

PENNOD 4

Gweithgaredd 4.1

Dyma rai awgrymiadau am bwyntiau y gallech chi eu cynnwys yn yr ateb. Nid yw'r rhestr yn cynnwys popeth, ond mae'n adlewyrchu'r sylwadau mae ymgeiswyr TGAU Cerddoriaeth cryf yn eu gwneud yn aml.

Elfennau cerddorol:

- Adeiledd: Ffanffer agoriadol – y brif thema (wedi'i chwarae ddwywaith), yn newid i adran gorawl fer wrth ailadrodd am y trydydd tro, dechrau chwarae'n fyrfyfyr ar y gitâr. Thema unigryw sy'n sefydlu'r cymeriad cryf.
- Rhythm: 4/4 (pedwarplyg syml), rhythmau tripled yn syniad y ffanffer, rhythmau cyson sy'n gyrru ar y drymiau, y nodau'n weddol syml o ran gwerth (patrwm un cwafer a dau hanner cwafer yw'r prif fotiff yn y rhagarweiniad), curiad cyson a rheolaidd drwy'r dyfyniad. Mae hyn yn creu ymdeimlad o rym a phenderfyniad.
- Dynameg: Forte, drwy'r darn, gan newid i ff yn yr adran gorawl. Mae hyn yn adeiladu ar yr ymdeimlad o gyffro ac yn ei atgyfnerthu.
- Alaw: Y ffanffer agoriadol yn seiliedig ar syniad a siâp triadol, defnyddio nodau sy'n ailadrodd a phatrymau tripled, y thema yn cynnwys motiff agoriadol cryf o dri nodyn (hanner cwafer → cwafer dot, minim dot; dau gwafer a minim dot yn dderbyniol). Mae'r alaw yn parhau drwy ailadrodd nodyn ar yr un traw, sylwch ar y defnydd cyson o batrymau, y motiff agoriadol yn cael ei ddatblygu gan y côr, ehangu'r cwmpas wrth i'r adran gorawl ddechrau wythfed yn uwch nag o'r blaen, mwy o ryddid gyda'r cynnwys melodig a chwarae'n fyrfyfyr ar y gitâr ar ddiwedd y dyfyniad, etc. Mae'r syniadau newydd hyn yn ychwanegu mwy o ddifyrrwch ac ymdeimlad o ddisgwyliad – gellir ystyried y nodyn sy'n cael ei ailadrodd fel ergydion di-baid y bocsiwr wrth iddo hyfforddi.
- Harmoni: diatonig, cywair mwyaf, ffanffer agoriadol wedi'i adeiladu ar nodau cord y tonydd, syniad yn diweddu ar V yn barod am y thema yn y tonydd.
- Gwead: homoffonig, alaw a chyfeiliant
- Arddull a naws: sinematig, roc, cyffrous; mae'r gerddoriaeth yn cefnogi'r ymdeimlad o her ac antur
- Offeryniaeth: wedi'i syntheseiddio, cerddorfa a band roc, tuedd i ddefnyddio offerynnau pres (e.e. y ffanffer agoriadol ar y trwmpedau), côr cymysg yn canu pennill ar ôl i'r brif thema gael ei hailadrodd am yr ail waith.

ATEBION I'R CWESTIYNAU ENGHREIFFTIOL

Sylwch mai atebion a awgrymir yw'r rhain, a fyddai'n ennill marciau da mewn arholiad. Eu pwrpas yw eich helpu a rhoi arweiniad i chi, ond ni ddylech eu hystyried fel yr unig atebion posibl.

PENNOD 1

Bach, *Miniwét yn G*
(a) (i) Opsiwn 3 yw'r llinell fas gywir
   (ii) Diweddeb amherffaith
   (iii) Dilyniant
   (iv)
(b) G fwyaf
(c) Harpsicord
(ch) Moderato

The Beatles 'Yesterday'
(a) Fersiwn 1:

Datganiad	Ticiwch (os yw'n gywir)
Mae'r rhagarweiniad yn cael ei chwarae ar offeryn taro.	
Mae'r rhagarweiniad yn ddau far o hyd.	✓
Canwr bas sydd yn canu'r gân hon.	
Mae llinynnau'n cael eu hychwanegu at y cyfeiliant ym mhennill dau.	✓

(b) Fersiwn 2:
   (i) Mae'r curiad yn arafach.
   (ii) Mae'r darn wedi'i berfformio a cappella (yn ddigyfeiliant).
   (iii) Mae'r darn yn cynnwys mwy o leisiau (gyda rhai harmonïau gwahanol)
(c) Fersiwn 3:
   (i) Mae deunydd melodig newydd yn cael ei chwarae ar y dechrau.
   (ii) Mae'r rhagarweiniad yn hirach.
   (iii) Dim lleisiau – darn offerynnol yw hwn.
(ch) Sieloau yw'r offerynnau sy'n perfformio.

Cerddoriaeth werin Gymreig
(a) Sibrwd
(b) (i) Rhagarweiniad   (ii) Pennill 1
(c) Opsiwn 3 yw'r alaw gywir
(ch) Mwyaf
(d) Adagio
(dd) (i) Yr unsain
    (ii) Yn gordiol / mewn harmoni / yn homoffonig
    (iii) Côr cymysg

PENNOD 2

Grieg
Anitra's Dance
(a) Adran A1
(b) D leiaf
(c) Pianissimo – tawel iawn
(ch)

Nodweddion	Barrau a churiadau
Cord 4/2	e.e. barrau 55/56/57
Cord 9fed	e.e. barrau 63–5 66–69
Efelychiant rhwng dwy ran	e.e. barrau 55–57; 58–61; 62–65
Dilyniant	e.e. barrau 58–60

(d) Staccato

Manic Street Preachers
'Everything Must Go'
(a) (i) Cyflwyniad   (ii) Pennill 1
   (iii) Cyn-gytgan   (iv) Cytgan
(b) Emaj7
(c) Trawsacennu; Rhai rhythmau dotiog; Rhai tripledi; Pob cymal yn dechrau gydag anacrwsis; Nodau clwm
(ch) 1996

ATEBION A AWGRYMIR

PENNOD 4

'House of the Rising Sun'

(a)

Datganiad	Ticiwch (os yw'n gywir)
Mae'r gitâr fas yn cyflwyno syniad graddfaol (*scalic*) yn y rhagarweiniad.	
Mae rhan y gitâr flaen yn y rhagarweiniad wedi'i seilio ar batrwm rhythm tripled.	✓
Mae tambwrîn yn chwarae patrwm hanner cwaferau parhaus yn y pennill.	
Mae'r cordiau'n newid bob dau guriad.	✓

(b) Asiad

(c) Fersiwn 1

Offeryniaeth:

- Wedi'i berfformio gan grŵp 'pop' – cit drymiau, allweddell/syntheseiddydd, gitâr fas, gitâr flaen, lleisydd.
- Y rhagarweiniad wedi'i chwarae gan y gitarau yn unig.
- Y gitâr flaen yn chwarae cyfeiliant cordiol tebyg i arpeggio.
- Y gitâr fas yn chwarae nodau unigol, sy'n cynnal yr harmoni.
- Y canwr yn ymuno i ganu pennill 1, gyda'r allweddellau a'r drymiau yn gyfeiliant.

Nodweddion diddorol eraill:

- Mae'r cwmpas melodig yn weddol gyfyng (o fewn wythfed) ac yn cynnwys nodau cysylltiol a digyswllt.
- Mae'r harmoni'n ddiatonig.
- Mae'r rhythm yn rheolaidd.
- 6/8 yw'r arwydd amser – deublyg cyfansawdd.
- Cyweiredd lleiaf sydd yma.
- Mae'r canwr yn wryw – bariton.
- Alaw a chyfeiliant/homoffonig yw'r gwead.
- O ran ei adeiledd, gellir rhannu'r dyfyniad yn ddwy adran: rhagarweiniad a phennill.

Fersiwn 2
Offeryniaeth:

- Wedi'i berfformio gan gerddorfa symffonig.
- Yn dechrau gyda llinynnau uchel eu traw.
- Syniad esgynnol ar y delyn.
- Syniad arddull Blues ar drwmped gyda mudydd.
- Motiff byr ar y sitar.
- Bwrlwm ar y timpani a nodau isel ar yr offerynnau pres/bas yn arwain at y pennill.
- Motiffau ychwanegol yn rhannau'r cyrn.
- Thema 'House of the Rising Sun' yn cael ei chwarae gan y llinynnau isaf (sieloau).

Nodweddion diddorol eraill:

- Rhagarweiniad **hirach** – deunydd newydd.
- Yn sefydlu naws cwbl wahanol/y tro hwn yn dywyll a phrudd (yn eithaf arswydus).
- Rydyn ni'n clywed rhai harmonïau anghyseiniol yn y rhagarweiniad.
- Mae'r curiad yn afreolaidd.
- Mae dylanwad y 'blues' i'w weld mewn deunydd melodig newydd.
- Y tro hwn, mae'r thema ar draw llawer is nag yn Fersiwn 1.
- Addurniadau melodig amlwg yn yr alaw.
- Mae'r gwead yn homoffonig a thrwchus, ac yn cynnwys mwy o haenau.

MYNEGAI

7fed y llywydd 64
8 bar canol 66, 74
8fedau *gweler* wythfedau

A
a cappella 71, 94
a tempo 27, 68
accelerando (*accel.*) 68
acen 9, 60, 71, 77, 94
acwstig 52, 70
adagio 68
adeiledd 17, 26, 32, 46, 49, 51, 54, 66–67, 73–75, 77–78, 83, 91, 94
    adeiledd pennill-cytgan 32, 74; *gweler hefyd* ffurf stroffig
addurniadau 13, 33, 59, 63
anghytgord uwch 29
ailadrodd 13, 54, 58, 69, 71, 73
alaw 7–8, 12–14, 17, 20–21, 27–28, 33, 37, 46, 49, 51, 53, 55–59, 66–67, 73–74, 76–83, 87, 94
    alaw a chyfeiliant 27, 33, 55, 67, 74, 87, 94
    cwmpas/symudiad alaw 7–8, 13, 28, 94
    diffiniad o alaw 12–13
    termau yn gysylltiedig ag alaw 56–59
allegretto 68
allegro 9, 27, 55, 68, 73
allweddell 62, 70, 74, 82
amser cyfansawdd 9, 37, 59
amser syml 9, 37, 59
amser triphlyg 27
anacrwsis 29, 32, 35, 58
andante 68
'Anitra's Dance' 26–31
ansawdd 19, 46, 70, 73–74, 81; *gweler hefyd* soniaredd
ar y curiad 60
arco 27–28, 71
arddulliau 69–70
arpeggio 54, 58, 73, 76, 87
arwydd amser 9, 33, 37, 46, 55, 59–60, 77, 94
arwydd cywair 15, 37, 46, 61
asiad 69
atal dwbl 72, 94
atsain/atseinedd 71

B
bachyn 32, 74
baled 69, 87
Baróc 26, 55, 69, 87
bas Alberti 67
bas slap 71
bas sy'n cerdded 67, 74
basso continuo 70
belt 71
bît-bocsio 87–88
blues 63, 66, 69, 87
blues 12-bar 66, 69, 90
brawddeg ateb 58, 66, 76
brawddegu 66, 94
bwrlwm drwm 71
byrdwn 32

C
canon 67, 73–74, 94
cerdd dant 69
cerddorfa 26–27, 70
cerddorfa linynnol 27
cerddoriaeth boblogaidd 26, 32, 69–70, 74, 87
cerddoriaeth ffilm 69, 74, 87
cerddoriaeth siambr 69, 74, 87
cerddoriaeth werin 15, 26, 58, 63, 67, 71
cerddoriaeth werin Gymreig 69
Clasurol 26, 55, 69, 87
cleff 7, 37, 46, 56–58
    cleff y bas 7, 37, 56, 58
    cleff y fiola *gweler* cleff yr alto
    cleff y trebl 7, 56–58
    cleff yr alto 7, 46, 57
coda 27–29, 32, 66
cord ail wrthdro 33–34, 65
cord cywasg 29, 64
cord eilaidd 14, 64
cord ergyd 67
cord gwasgar 58, 67; *gweler hefyd* arpeggio
cord gwrthdro 65
cord gwrthdro cyntaf 29, 65
cord pŵer 14, 65
cord sylfaen 64
cordiau
    patrwm (dilyniad/dilyniant) 33–34, 64–66, 74, 76–78, 90, 94
    syniadau (cyfansoddi) 77–78
cordiol 21, 55, 67, 73, 81
corws 71
crescendo (*cresc.*) 27, 54, 68–69, 73
cromatig
    graddfa gromatig 7, 55, 58, 62
    symudiad cromatig 29, 58
crosiet 9, 27, 33, 58–60
curiad 8–9, 27–28, 32–33, 55, 58–60, 65, 67–68, 71, 73, 88

MYNEGAI

cydamseru curiadau 91
cymysgu curiadau/jyglo 91, 94
cwafer 8, 27, 29, 59, 60
cwestiwn cymharu 52–53
cwestiwn enghreifftiol ar ffurf paragraff hir 46–47
cwestiwn enghreifftiol arddull traethawd 46, 48–52
cwmpas 7, 28, 33, 56, 58, 71, 78
cydamseru curiadau 91
cyfalaw 55, 58, 67, 71, 73–74, 78, 94
cyfansoddi 74–84
cyferbyniad 7, 13, 17, 21, 27, 33, 46, 52, 54–55, 58, 66, 73–78, 81, 83, 91, 94
cyfyngau 7, 33, 56, 58, 62, 76, 94
cylchu sain 71
cymysgu curiadau/jyglo 91, 94
cyn-gytgan 32–34, 66
cynnal 27, 29, 65, 67, 71
cytgan 32–34, 66
cywair gwreiddiol 28, 63, 65, 77; *gweler hefyd* cywair y tonydd
cywair lleiaf 13, 15, 28, 54, 61, 65, 73
cywair mwyaf 15, 28, 61, 65, 73
cywair pentatonig 7, 15, 33, 35, 58, 62, 73, 90, 94
cywair y llywydd 15
cywasgiad 78
cyweiredd 15, 28, 33, 46, 49, 52, 54, 61, 73, 81
cyweiredd mwyaf-lleiaf 15

Ch
chwarae'n fyrfyfyr 33, 66, 69, 72, 74, 90
chwythbrennau 70

D
daliant 68
datsain/datseinedd 71
decrescendo (*decresc.*) 18, 69
desgant 67
digywair 15
dilyniannu 91
dilyniant 13, 29, 34, 54, 58, 59, 65, 73–74, 77–80, 87, 90–91
diminuendo (*dim.*) 18, 27, 54, 68–69, 73
divisi 27, 72
diweddebau 14, 29, 37, 55, 64–65, 73–74, 77–78, 94
    diweddeb amen/eglwysig 64
    diweddeb amherffaith 64
    diweddeb annisgwyl 65
    diweddeb berffaith 29, 64
diweddglo 32–34, 66, 74; *gweler hefyd* coda
dolen 66, 79
drôn 14, 65, 67
dynameg 18, 27, 32, 46, 49, 51, 54, 68–69, 73–74, 76, 78, 80–82, 94

E
efelychiant 13, 21, 27, 55, 58, 67, 72, 74, 78–80, 87, 94
erwydd 7, 18, 56, 58
'Everything Must Go' 32–36

F
falsetto 72
forte (*f*) 27, 32, 54, 68, 73, 78
fortissimo (*ff*) 68

Ff
ffanffer 13, 17, 58
ffliwt 71
ffurf 17, 26, 32, 46, 54, 62, 66–67, 73–74, 80–82, 87
    ffurf cân 32-bar 17, 66, 74
    ffurf deiran 17, 26, 66–67, 74, 81, 87
    ffurf ddwyran 17, 26, 66, 74, 87
    ffurf miniwét a thrio 17, 66, 74
    ffurf rondo 17, 66, 74, 82, 87
    ffurf stroffig 17, 66, 74, 87
    ffurf thema ac amrywiadau 12, 17, 67

G
galw ac ateb 13, 66, 94
gitâr 32–33, 70–72, 74, 81–82, 87–88
glissando 72
graddfa bentatonig 7, 15, 33, 35, 58, 62, 73, 90, 94
graddfa blues 7, 58, 62, 90, 94
graddfa fwyaf 7, 15, 37, 90
graddfa gromatig 7, 55, 58, 62
graddfa leiaf 15, 61–63
graddfeydd 7, 15, 28, 35, 37, 54–56, 58–59, 61–63, 73, 88, 90, 92, 94
Grieg, Edvard 26–31
grwpiau 19, 70–71
gwead 20–21, 27, 33, 46, 49, 51, 55, 67, 73–74, 76, 78–81, 83, 87, 94
gwerthoedd nodau 8, 27, 37, 54, 59–60, 73, 77–78, 94
gwerthusiad, ysgrifennu 82–84
gwreiddyn 56

H
haenog 55, 67, 73–74
hanner brif 8, 27, 59
hanner cwafer 8, 59, 77–78
hanner tôn 56–58, 62–63
hapnodau 57, 63
harmoni 14, 29, 33, 46, 49, 55, 63, 65, 67, 71, 73–74, 77, 80, 82–83, 94
    anghyseiniol 14, 29, 55, 63, 73, 77, 94
    cyseiniol 63
    diatonig 14, 29, 33, 55, 63–64, 73, 94
hip-hop 69, 87
homoffonig 21, 27, 33, 55, 67, 73–74, 94
hymian 72

I
isfeidon 28, 65
islywydd 28, 34, 64

MYNEGAI

J
jazz 60, 63, 66–67, 69, 72, 74, 87, 90

L
largo 9, 68
legato 72, 94
leitmotiv 58, 74
lento 55, 68, 73
log yr ymgeisydd 17, 79–80

Ll
lleisiau
   cefndir 32–33, 52, 71
   dynion 71
   merched 71
llenwad 66
llinynnau 27, 32–33, 71, 74, 81
llonnodau 14–15, 37, 57, 61, 63, 72
llywydd
   7fed y llywydd 64
   cordiau'r llywydd 29, 64–65, 67
   cywair y llywydd 15
   llywydd lleiaf 28, 63
   nodyn y llywydd/graddfa'r llywydd 28, 64–65, 67

M
Manic Street Preachers 32–36
Mazurka 27
meddalnod 57, 61–62
meidon 34
melismataidd 72
mesur 9, 46, 55, 59–60, 73
   afreolaidd 60
   rheolaidd 60
metronom, marc 27
mezzo forte (*mf*) 32, 68
mezzo piano (*mp*) 68
microtôn 58
minim 8, 27, 58–59
minimaliaeth 69, 74
moderato 55, 68, 73

moddol 54, 63, 73
monoffonig 21, 27, 55, 67, 73–74
morthwylio 72
motiff 17, 27–29, 33, 58, 74, 76, 78
mudyddion 72

N
naturiol 14, 63
nodau blue 58, 62
nodau clwm 8, 33, 60
nodiadau rhaglen, ysgrifennu 93–94
nodyn pedal 14, 35, 65, 74
nodyn pedal gwrthdro 35

O
oddi ar y curiad *gweler* trawsacennu
offeryniaeth 27, 32, 49, 52–53, 55, 74, 78, 83
offerynnau taro 27, 60, 71, 72, 74
ostinato 66, 74

P
panio 71
patrwm cordiau 33–34, 64–66, 74, 76–78, 90, 94
pedwarawd llinynnol 71, 74
pennill 32–34, 66–67, 74
perfformio 85–94
   byrfyfyrio 90
   cyfansoddiad 88
   cysylltu â maes astudio 86–92
   dewis cerddoriaeth ar gyfer 86
   ensemble 88–89
   recordio ac asesu 92–93
   technoleg 91
   unawd 89–90
pianissimo (*pp*) 27, 68
piano (*p*) 54, 68, 73, 78
pizzicato 27, 72
plycio 71–72
poco rit. 27
polyffonig 21, 55, 67, 73–74

pont 66, 74
pop 14, 32, 66, 69–70, 72, 86–87
pres 58, 67, 71–72
pwls 9

R
rallentando (*rall.*) 9, 68
rap 69, 72
reggae 70, 87
rîff 60, 66, 70, 74
ritardando (*rit.*) 68
roc
   amgen 32
   cerddoriaeth 14–15, 32, 60, 62, 65–67, 69–70, 87
   rhythm 60
rubato 68

Rh
rhagarweiniad 27–29, 32, 66, 74
rhagdrawiad 58
Rhamantaidd 26, 55, 70, 87
rhythm 8–14, 21, 27, 29, 33, 37–38, 46, 49, 51, 54, 58–60, 65, 69–70, 72–74, 76–83, 87–88, 90–92, 94
   adran 70
   arddweud 37–38
   syniadau (cyfansoddi) 77–78
rhythm harmonig 65, 78
rhythm/nodyn dotiog 8–9, 27, 29, 33, 54, 59–60, 73, 77, 94
rhythm sy'n gyrru 60, 74
rhythmau
   dawns 60
   swing 60

S
safle gwreiddiol 29, 33–34, 65, 77
samplwr 71
sforzando (*sf*) 68
sgat 72
sgôr nodiant 80

MYNEGAI

sgrinlun wedi'i anodi 81

sillafog 33, 72

sioe gerdd
    cyd-destun cerddorol 46
    dyfais gerddorol 13
    theatr gerdd 49, 70, 74, 87

soniaredd 19, 46, 70, 73; *gweler hefyd* ansawdd

soul 70, 87

staccato 67, 71–72, 81, 94

symud/symudiad fesul cam 13, 17, 29, 37, 58;
    gweler hefyd symudiad cysylltiol

symudiad cromatig 29, 58

symudiad cysylltiol 13, 17, 37, 58, 76, 94

symudiad digyswllt 13, 17, 28–29, 37, 54, 58, 73, 94

T

taflen arweiniol 80, 85, 87, 91–92

tafodi 72

tempo 9, 27, 32, 46, 55, 68–69, 73, 76, 80–82, 91, 94

tôn (cyfwng) 56–58, 62–63

tôn gron 67, 73

tonydd 28–29, 34, 64–65, 67

toriad 67, 74

Traddodiad Clasurol y Gorllewin 70, 87

traw 7, 12–13, 29, 33, 37–38, 46, 56–60, 65, 67, 70–72, 77, 88, 94
    arddweud 37–38
    plygu 72

traw isel 58

traw uchel 58

trawiad ymyl 72

trawsacennu 8, 33, 54, 60, 69, 73–74, 76–78, 94

trawsgyweirio 15, 29, 63, 65, 74, 94

tremolo 27, 72

triad 17, 29, 59, 63–65

triadol 59

tril 29, 59

tripled 8, 33, 54, 60, 73, 77–78, 94

Th

thema 12, 17, 27–29, 59, 67, 74, 76, 78, 94

U

unsain 27, 55, 67, 73–74, 94

V

vibrato 72

vivace 68

W

wedi'i lithro 72

wedi'i syntheseiddio/ syntheseiddydd 70–72

wedi'i wahanu 72

wythfedau 28, 33, 35, 57, 62, 67

Y

ystumiant 33, 72